38度線
非武装地帯をあるく

《板門店・臨津江・金剛山・鉄原・江華島・実尾島・白翎島・開城》

元朝日新聞ソウル支局長

小田川 興

Odagawa Koh

高文研

✺もくじ

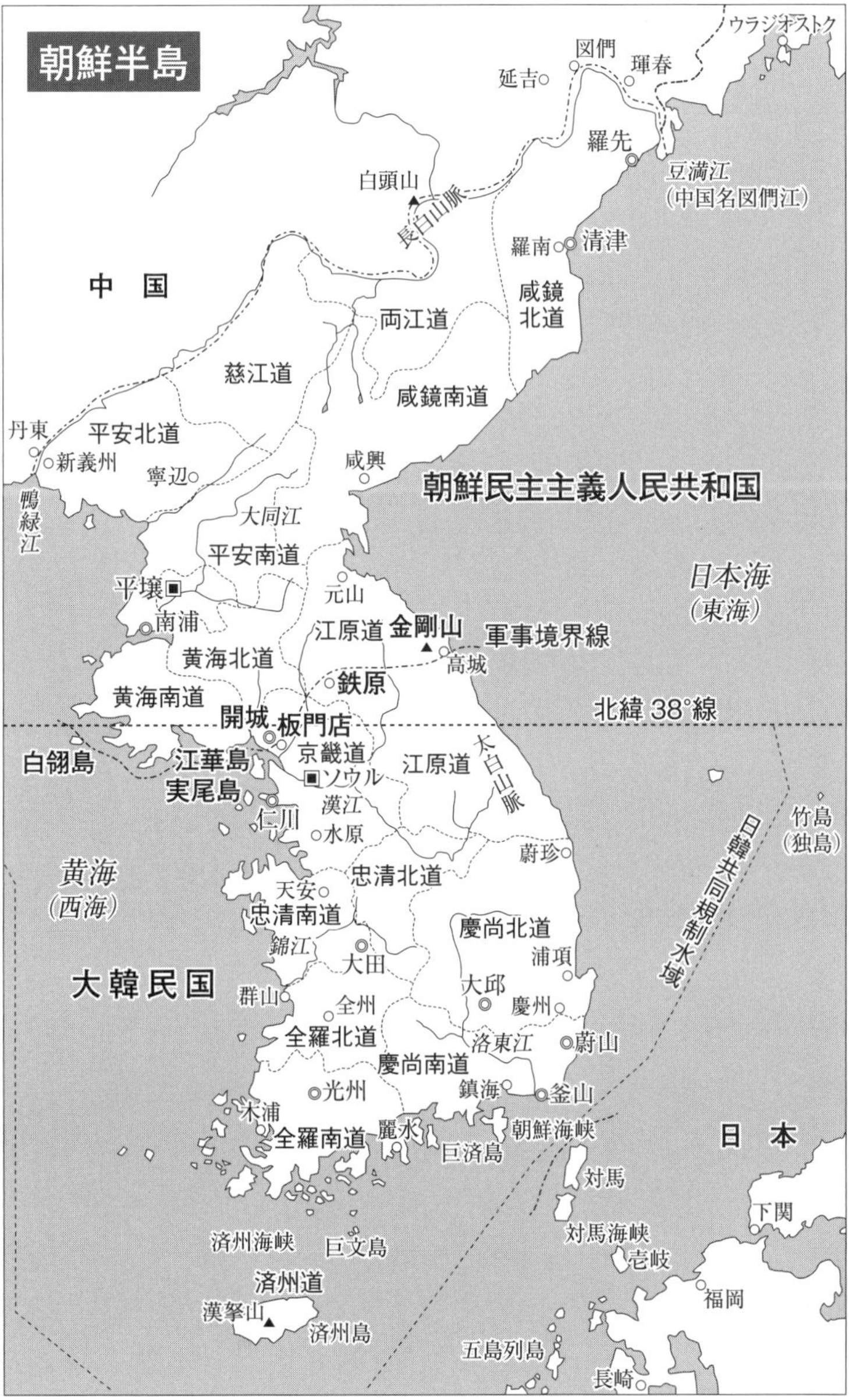
朝鮮半島
ウラジオストク
図們
琿春
延吉
羅先
白頭山
長白山脈
豆満江
(中国名図們江)
羅南
清津
中　国
咸鏡北道
両江道
慈江道
咸鏡南道
丹東
平安北道
新義州
寧辺
鴨緑江
咸興
朝鮮民主主義人民共和国
大同江
平安南道
平壌
元山
日本海
(東海)
南浦
江原道
金剛山
軍事境界線
高城
黄海北道
鉄原
黄海南道
北緯 38°線
開城
板門店
京畿道
白翎島
江華島
実尾島
ソウル
江原道
太白山脈
漢江
仁川
水原
日韓共同規制水域
竹島
(独島)
蔚珍
黄海
(西海)
忠清北道
天安
忠清南道
慶尚北道
錦江
大田
浦項
大韓民国
大邱
群山
全州
慶州
全羅北道
洛東江
蔚山
慶尚南道
光州
鎮海
釜山
木浦
全羅南道
麗水
朝鮮海峡
日　本
巨済島
対馬
下関
済州海峡
巨文島
対馬海峡
壱岐
済州道
福岡
漢拏山
済州島
五島列島
長崎

本文写真　小田川　興
装丁　商業デザインセンター・松田礼一

はじめに
――非戦平和への旅として

私は二〇〇一年三月、朝日新聞社の定年（〇二年一月）を控えて日曜版「旅する記者」の企画で朝鮮半島非武装地帯を取材しました。朝鮮戦争の激戦地・鉄原《チョルウォン》、韓国最北端の日本海（東海）岸にある高城《コソン》、南北の接点・板門店《パンムンジョム》、強国襲来の歴史の現場・江華島《カンファド》と非武装地帯に沿って車で走破しました。（〇一年四月八日付「鳥の楽園――休戦ラインに沿って」＝次ページ写真）

新聞社を離れて、この取材で書ききれなかった「思い」をより多くの人たちに知ってもらいたいと、また非武装地帯の旅に出ました。その思いの底には、朝鮮半島で出会ったある強烈な光景がありました。

朝日新聞の朝鮮問題担当記者だった私は一九八五年夏、総評を中心とする「朝鮮の自主的平和統一を支持する日本委員会」の訪朝団に同行取材するため、初めて朝鮮民主主義人民共和国（北朝鮮）の首都平壌《ピョンヤン》を訪れました。朝鮮対外文化連絡協会（対文協）が定めたスケジュールに従う毎日、なんとか「普通の市民」の息づかいに触れたいと思っていました。

日曜版　朝日新聞　2001年（平成13年）4月8日　日曜日

2001年 旅する記者 50人

筆者の持ち物リスト
本　遠藤公男「アリランの青い鳥」講談社　「野外原色図鑑韓国の鳥」LG常緑財団 日本野鳥の会協力
カメラ　ペンタックス ESPIO 200
双眼鏡　ペンタックス 10倍

鳥の楽園

休戦ラインに沿って

地雷がひそむ原野、
人を寄せつけない軍事地帯に
野生動物はやすらぎを見つけた。

北朝鮮の山並みを背にして華麗な舞を見せるマナヅルの群れ。右後方は鉄の三角展望台

◀ 3面に続く

朝日新聞日曜版

その日、ＮＨＫ北京支局のＴ記者とともに宿所の普通《ポトン》江《ガン》ホテル前の公園をのぞきました。Ｔ記者は「街の表情を撮りたい」と大型のテレビカメラを担いでいました。

ホテル玄関から二〇〇メートルほどの所に、やや大きな池がありました。池のほとりで一〇人ほどの人民学校（小学校）の子供たちがトンボ釣りに興じていました。長い糸の先に雌のトンボを結びつけて雄を誘って捕らえる、昔は日本の子供たちもさかんにやっていましたが、今は見かけなくなった懐かしい遊びです。Ｔ記者はさっそくカメラを肩に担いで子供たちのほうに黒いズームレンズを向けたままゆっくりと歩き出しました。

数歩進んだところで、高学年の子が気づいて不審気な表情を浮かべました。仲間もこちらを振り向く。――と、突然、子らの顔に恐怖の色が走ったのです。次の瞬間、一人残らず蜘蛛の子を散らすように走り出しました。背をまるめて私たちの数メートル先を走りぬけた一人は、池の周囲を囲っていた高さ一メートル余りのコンクリート堤から下に飛び降りました。その下は水が涸れて土が露出し、半円形の砂州のようになっていたのです。その上を走って、砂州が切れたところで子供は一気に堤を越えようとしました。しかし高すぎて越えられません。観念したのか、子供はコンクリート堤に両手を広げて張りつきました。顔だけ斜め後ろに向け、目はテレビカメラを凝視しています。

T記者がカメラを下ろすと、子供はすばやく池から這い上がり逃げ去りました。あっという間の出来事でした。

「なぜだろう」――。やがて二人で探り当てた結論は「テレビカメラのズームレンズが銃口に見えたのではないか」ということでした。子供たちの思いがけない行動を説明できる理由は、ほかに考えられなかったのです。

この衝撃から、私は二つのことを考えさせられました。

まず、朝鮮半島の北と南の文化格差です。当時、ソウル・アジア大会を翌年に控えた韓国だと、こんなことは起こりえなかったはずです。韓国の子供たちはとっくにテレビ文化にどっぷり浸かり、よもやテレビカメラを銃と見間違うことはなかったでしょう。子供の世界に「格差」をもたらしたもの――それは突き詰めると南北の体制の違いであり、さらに遡ると三八度線で対峙する南北の分断状況に他ならないのです。

もうひとつ、平壌の子供たちの恐怖におびえた瞳は、長い間私の意識の底に眠っていた防空壕体験の暗い記憶を呼び覚ましました。太平洋戦争末期に青森県下の祖父の家に疎開し、米軍の重爆撃機Ｂ29の空爆を恐れて防空壕にもぐった三歳の私は、狭くて蒸し暑い闇の中で死の恐怖におびえ、震えていました。縁先のラジオから「敵機来襲、敵機来襲」と告げるアナウンサーの甲高い叫びがいまも耳底にこびりついています。その記憶が、北朝鮮の子供たちの恐怖の表情によって呼び覚まされたのです。（まだ幼かったが、私と同年で防空壕体験を憶えている者は少なくありません。それは、忘れられない共通の記憶です。）

こうして私にとっては、敗戦直前の日本と戦後四〇年の北朝鮮での二つの体験が結びつき、それが朝鮮半島の平和を考える〝原点〟となりました。

一九六八年、在韓被爆者問題でスタートした私の朝鮮半島取材は今年で満四〇年になります。冷戦真っただ中の七〇年代にソウルに留学した当時、韓国の学校では「北の人間にはツノが生えている」と教えていました。それが八八年ソウル五輪を経て、八九年の冷戦終焉とともに三八度線の緊張が緩み始めるなか、南北対話は軌道に乗り、九一年には南北和解のための「基本合意書」が成立しました。

しかし、国際政治と南北関係がからみ合う朝鮮半島では、複雑にもつれた緊張の糸をほぐして冷戦構造から脱皮するのは容易ではありません。

とくに北朝鮮の核問題は象徴的です。二〇〇一年の九・一一同時多発テロを契機にテロ組織による核の威嚇が国際社会で強く懸念されるようになり、北朝鮮に対して厳しい目が向けられています。南北朝鮮と日米中ロの六者協議は、〇六年一〇月の北朝鮮の核実験強行を受けて、〇七年には北朝鮮の核放棄に向けた具体的な道筋を描く合意を実現しました。だが、問題解決の道は険しく、まだ曲折をたどることでしょう。

朝鮮半島非核化の努力が水泡に帰した場合、再び緊張が高まり、戦争の危険をはらむ日が来ないという保証はありません。

万一、「朝鮮有事」が発生した場合、日本が平和憲法をかなぐり捨てて、米国との共同軍事行動に踏み切る可能性さえ考えられます。この間、すでに日本政府は「北朝鮮の脅威」を理由に、平和憲法で封印してきた集団的自衛権の行使を実現させるための動きを推進してきました。だが、もし日本が先の大戦で学んだ教訓を忘れて戦争への道を辞さない体制を築いたとしたら、かつて侵略された韓国、中国はじめアジアの国々と断絶するだけでなく、国内でも徴兵制の復活で子や孫を戦場に送り出すという悪夢に直面する恐れすらあります。

したがって、朝鮮半島での戦火を回避するため、この地域に恒久的な平和システムを確立することが急務です。それはどうしたら可能なのか。これが、南北を問わず朝鮮半島を取材してきた私にとっての「究極の宿題」です。

とくに在韓被爆者問題から朝鮮問題に入門した私としては、核抑止力による国家間の恐怖の均衡を超えて、国民レベルに至る相互信頼の輪を構築することが核なき恒久平和をかちとる唯一の道だと考えます。したがって核問題では北朝鮮の核放棄と同時に、すべての核保有国の核廃絶を達成することが重要であり、それによって初めて朝鮮半島の非戦平和も成立すると信じます。

こうした考えから、私はこの非武装地帯の紀行を「非戦への旅」と位置づけます。「最後の戦争記憶世代」として、国家を超えた民草《たみくさ》の意志による「非戦＝絶対平和」をめざすメッセージの発信でもあります。


朝鮮半島にも冷戦終結の波はひた寄せ、二〇〇〇年六月の金大中《キムデジュン》大統領と金正日《キムジョンイル》総書記の南北首脳会談をきっかけに朝鮮戦争で断ち切られた鉄道や道路を復旧してシベリア鉄道につなげる計画が進み、〇七年には韓国企業が進出する北朝鮮・開城《ケソン》工業団地へ定期列車が走り出しました。金剛山《クムガンサン》や開城への観光も一定の成果を上げています。

二〇〇七年一〇月の盧武鉉《ノムヒョン》大統領と金《キム》総書記による二回目の南北首脳会談では休戦体制の終息と多くの経済協力プロジェクトが共同宣言に盛り込まれました。〇八年二月に発足した韓国新政権も北朝鮮の核放棄と引き換えに大規模な経済支援を行うことを表明しました。

いま軍事境界線（三八度線）は民族の分断ラインから「和解と共生の実験場」として徐々に新しい姿を見せつつあります。朝鮮のことわざに「始まりは半分」というのがあります。一歩踏み出しさえすれば、たちまちお隣の「激変半島」を体感できるでしょう。そして非武装地帯の現実を知ることを通じて、南北が対決から対話と協力の道へと転換しつつあることを確かめ、日本と朝鮮半島の平和的な共存を考える手がかりを見出してほしいのです。東西二四八キロの非武装地帯に沿ってあるくこの旅が、そのスタートとなることを願っています。

「南北分断」と「朝鮮戦争」

✣軍国日本の置き土産

ウサギの姿に似たこの半島は、ユーラシア大陸の北東の端に突き出した格好で、その東南側には日本海（韓国では「東海」）と玄界灘、対馬海峡（朝鮮海峡）をはさんで日本列島が横たわる。見慣れた世界地図の風景ではある。

だが、たいていの地図では、この朝鮮半島の中央部に弓なりに赤い線が引かれている。弓の下の方から東西に真っすぐ走る緯度は北緯三八度と読める。

この弓状のレッドラインこそ、いわゆる「三八度線」、すなわち朝鮮戦争がもたらした軍事境界線（休戦ライン）である。

私たちは現在、こういう地図をあまり抵抗を感じないまま見ている。しかし、一九五三年以前の朝鮮半島地図には、このラインはない。「三八度線」は、韓国と北朝鮮が一九五〇〜五三年、自らの政権の正統性を争い、米国とソ連（当時）・中国をそれぞれの後ろ盾として凄絶に戦った結果、生まれた分断線である。だから、このラインは複雑な意味をもっている。

まず、「五千年の歴史」を誇る朝鮮民族を、流血の争いの末に人工的に引き裂いた悲劇のラインである。

次に、朝鮮戦争後も米国、ロシア（旧ソ連）、中国という超大国の国益と国力（軍事力）がぶつかり合う、パワーゲームのフロントライン（最前線）でありつづける。南北が抱える兵力は双方合わせて一八〇〇万人を超える。「世界有数の火薬庫」が朝鮮半島休戦ラインの現状である。

三つ目に、一番忘れてならないのは、民族分断の歴史的原因をつくったのは日本による朝鮮半島の植民地支配だったということ。

軍国日本の最後の過ちは、すでに完膚ないまでに打ち負かされた状態での連合国による降伏勧告、ポツダム宣言（四五年七月二六日）の受諾を遅らせたため、広島・長崎への原爆投下（八月六、九日）とソ連の参戦（八月八日）を招いたことである（ポ宣言は八月一四日受諾）。これによって日本国民は大きな犠牲をしいられ、また朝鮮半島の人々はソ連参戦→米ソの祖国分断という悲劇をいまも引きずることとなった。日本の戦争指導者たちは「聖戦の大義」の前には民草《たみくさ》の犠牲は顧みなかった。まして植民地にした隣国の民のことは念頭になかったのである。

三八度線は軍国日本の醜い置き土産でもあり、南北を問わず朝鮮半島の人たちが分断の苦痛を感じるとき、それは「日本の植民地支配がなかったら、解放後の米ソによる分断はなかった」という怨念に行き着くという現実を、日本人は知らなければならない。

韓国でも北朝鮮でも、人びとはこのラインを「三八線（サンパルソン）」と呼ぶが、そこには歴史への恨みと民族の深い悲しみが込められている。

✣解放の喜びもつかの間

一九四五年八月一五日、日本の無条件降伏によって朝鮮半島は三六年間におよぶ日本の植民地支配から解放された。長い暗闇を抜けて解放を喜ぶ民衆は、手に手に太極旗（朝鮮王朝時代からの国旗。現在は韓国国旗）を振って街頭に飛び出した。「マンセー、マンセー（万歳、万歳）」の叫び声は朝鮮半島を揺るがした。

だが、解放の喜びはつかの間だった。米ソ両軍が日本降伏前からの取り決めに基づいて解放直後、北緯三八度線を境として分割占領したからだ。

朝鮮民族は本来、日本の降伏によって独立するということが「国際的な約束」だった。一九四三年一一月、米国（ルーズベルト大統領）、英国（チャーチル首相）、中華民国（蒋介石総統）の三首脳がエジプトのカイロで会談を開き、署名した「カイロ宣言」は「朝鮮の人民の奴隷状態に留意し、やがて朝鮮を自由かつ独立のものにする決意を有する」と明言していたのだ。

日本は、このカイロ宣言を確認した「ポツダム宣言」を受け入れて降伏した。ポツダム宣言は一九四五年七月にドイツのポツダムで行った会談にもとづき、米国、英国、中華民国の首脳の名で（会談そのものにはソ連のスターリン首相が参加）発表した「ポスト第二次大戦」の世界政治大綱でもあった。

しかし、朝鮮の民衆が熱望した統一国家としての「独立」の約束は、冷戦に突入した国際政治の厚い壁によって拒まれ、今日にいたるまで果たされていない。

何が「国際公約」を破棄させたのか。朝鮮半島の人々は問いただし、それを一日も早く勝ち取る権利を持っているはずである。

✣引き裂かれた隣国

分断から戦争へいたる悲劇の発端は米ソ両軍による南北分割占領にあった。

大戦末期の一九四五年八月八日、ソ連は日本との間で相互不可侵を定めた日ソ中立条約を破って対日宣戦を布告し、旧満州と朝鮮半島北部へ怒涛のように進撃した。そのとき米軍はまだ朝鮮半島から遠く離れた沖縄にいた。

米国は、ソ連軍の動きを放置すれば朝鮮半島全土を占領されると見て、大急ぎで三八度線を境に米ソが分割占領する案をまとめた。八月一五日、米国がこれをソ連に提案し、ソ連はそのまま受け入れた。

三八度線は当初、日本軍の武装解除のための暫定的な境界線とされたが、結局、米ソは南北でそれぞれ軍政をしいて、朝鮮人自身による統一独立政府は日増しに遠ざかった。

この分割占領のプロセスをたどってみると、米ソ両大国による当事者無視、急ごしらえの政策が浮き彫りになる。朝鮮半島の冷戦の構図が米国の軍人らによって安易に立案され、ソ連がそれに乗ったという事実は、脱冷戦期のいま見つめ直されるべきだろう。

一九四五年八月、ソ連軍は平壌に進駐し、九月には米軍がソウルに入城。南北でそれぞれ米ソによる軍政が始まった。

一〇月、米ソそれぞれが後押しする南北の指導者が登場した。北の金日成《キムイルソン》、南は李承晩《イスンマン》である。抗日パルチザンを率いて「白頭山の虎」の勇名をはせた金日成はソ連により北の指導者として選ばれ、労働党と政府の主導権を握ってゆく。

一方、独立運動家として米国に亡命していた李承晩も、右派保守勢力の支持を得て親米反共主義者として初代韓国大統領への道を歩む。米英ソによる信託統治案をめぐって左右両派の対立が激化し、統一への動きは実を結ばないまま、一九四八年八月一五日に大韓民国が、九月九日には朝鮮民主主義人民共和国(北朝鮮)が樹立された。イデオロギーの異なる二つの体制の発足で政治的分断が決定づけられた。

李承晩大統領は、同年一二月に国連で「朝鮮半島の唯一合法政府」との総会決議が採択されたのを盾にして、「反共」と「北進統一」の強硬路線をとった。一方の金日成首相は植民地下で抗日武装闘争を貫いたことを強調し、「国土完整」を掲げて全土の武力統一をめざした。

✣米ソの代理戦争

一九五〇年六月二五日、日曜日の未明、北朝鮮軍は三八度線を越えて南に侵攻した。朝鮮戦争のぼっ発である。金日成は事前にソ連のスターリン首相、次いで中国の毛沢東主席から武力統一の支持を取り付け、周到に開戦準備をした。この間、米国がアジア防衛ラインから韓国をはずしたことが、金日成の挑発を招いたという面も否定できない。

国連安全保障理事会は二日後の二七日、ソ連欠席のもとで、国連加盟国に対して武力攻撃を撃退する韓国への「援助」を勧告する決議を採択した。もしこの時、ソ連が安保理に出席していれば、拒否権を行使していたはずである。しかし、安保理常任理事国の座は、その前年に樹立されていた中華人民共和国が、台湾に逃げ込んだ蒋介石政権に取って代わるべきだという中国の代表権問題をめぐって、ソ連が西側と対立、安保理への出席を拒絶していたため、この決議が採択されたのである。こうして、同決議に従い、米国を主力として一六カ国が「国連軍」の旗の下に参戦した。

戦争は米軍を中心とする国連軍が韓国軍を守り、ソ連・中国軍が北朝鮮を支え、米ソ「代理戦争」の様相を呈した。

緒戦は北朝鮮軍が国連軍を釜山《プサン》近くまで追い詰めたが、マッカーサー元帥（国連軍最高司令官）が指揮する米師団が仁川《インチョン》上陸作戦に成功してソウルを奪回。米韓軍が鴨緑江《アムノッカン》に迫ると中国軍が参戦し、ソウルはまた共産軍に再占領された。ソ連空軍も中国軍に偽装して戦闘に参加した。戦況が二転三転する間、マッカーサーは原爆使用と中国領への侵攻を主張した。彼は結局、戦争拡大を望まないトルーマン大統領によって解任されたが、一時は核戦争の瀬戸際まで行った。

この間、五〇年七月には韓国忠清北道老斤里《チュンチョンブットノグルリ》で避難住民数百人が米軍の機銃掃射で虐殺される事件があった。

戦線は三八度線付近で膠着し、五一年七月に休戦会談が始まった。五三年七月二七日、国連軍と朝鮮人民軍・中国人民志願軍の間で休戦協定が調印された。三八度線は二四八キロの軍事休戦ラインに形を変え、分断が固定化されたまま、はや半世紀を超えた。

だが、朝鮮戦争はまだ「過去」になっていない。この戦争を機に発動された米国の「対敵国通商法」による制裁は北朝鮮経済を苦しめ、米朝対立を増幅させてきたことは、その一例である。その制裁解除の論議は、北朝鮮を「テロ支援国家」指定から解除する問題と併せて〇七年から始まったばかりだ。いま眼前にある朝鮮半島の緊張とその緩和への模索は、朝鮮戦争で増大した国際政治の矛盾の克服過程なのである。

✣日本との深い関わり

朝鮮戦争が日本とたいへん関わりが深かったことは、ほとんど語られることがない。だが、米軍の「指令」で極秘に海上保安庁職員が機雷を除去する掃海作戦に動員され、触雷による乗船の沈没で一人が死亡した。また米軍機は福岡・板付基地、沖縄・嘉手納基地、さらに横田基地から出撃した。仁川上陸作戦でも日本の基地から艦船が出動し、揚陸艦（ＬＳＴ）の八割を日本人船員が操船していたのだ（本書一六八ページ参照）。

敗戦の日本に平和憲法をもたらした米国は、開戦直後の五〇年七月、警察予備隊の創設を命じた。これが保安隊を経て五四年から自衛隊へと肥大化し、いまや実質的に世界有数の軍事力をもつ存在となった。最近ではインド洋での洋上給油によりアフガニスタンの「対テロ戦争」に参戦、またイラク戦争では陸上自衛隊から延べ五千人が派兵された。

そして何よりも「神風」ともいわれた金属や繊維、車両輸出を中心とする朝鮮戦争の「特需」こそが日本を廃墟から経済大国へと成長させる引き金となった。日本の繁栄のテコになった隣国の人々の犠牲と痛みを、日本人は知らなければならない。

三年間余りつづいた戦争は南北双方で五〇〇万人を超す死傷者を出した。犠牲者の正確な数はいまだに把握されていないが、北朝鮮と韓国の軍人と民間人を合わせた死者は、それぞれ二五〇万人と一二〇万人を超すと見られる。中国軍の戦死者と捕虜・行方不明も計一〇〇万人にのぼるという推測もある。米軍は、公式発表の戦死者は三万人余りだが、戦病死を含めると五万人余りという見方もある（和田春樹『朝鮮戦争全史』岩波書店）。

いまも晴れない恨みを引きずるのは、南北合わせて一〇〇〇万人といわれる離散家族である。八五年以降の赤十字事業で肉親に再会できた人は、ほんの一握りに過ぎない。

二〇〇〇年の南北首脳会談において、民族同士の努力で統一体（国家連合や連邦）を形成することで合意し、さらに〇七年首脳会談では戦争終結宣言に向けた関連国（南北朝鮮と米、またはプラス中国）のトップ会談の開催案で一致した。だが、カギを握る米国は北朝鮮の非核化が終結宣言の大前提との態度で、前途は平坦でない。

同族が血を流し合った悲劇は深い傷痕を残し、半世紀以上も民族の和解と統一を阻む厚い壁を築いてきた。

その悲劇の象徴でもある板門店から三八度線の旅を始めよう。

コラム 非武装地帯《ピムジャンチデ》＝DMZ（demilitarized zone）

休戦協定に基づいて設けられた南北の軍事的緩衝地帯。東西二四八キロにおよぶ休戦ライン（軍事境界線ともいう。正式には「軍事分界線」）に沿って南北それぞれ二キロ、計四キロの幅で、総面積は九九二平方キロとされ、これは日本の東京都二三区の約一・六倍と広大である。南側は国連軍、北側は朝鮮人民軍が管理し、ともに数多くの哨所や監視塔を置いて二四時間厳戒態勢をとっている。

休戦協定では、「非武装地帯内で、または非武装地帯から、また非武装地帯に対して」敵対行為を行うことは禁じられている（第一条第六項）。しかし、冷戦期を通じて南北双方からの発砲やゲリラ侵入など、非武装地帯とその周辺での軍事的トラブルは絶えなかった。六〇年代には韓国側で、ベトナム戦争においてその恐るべき被害が問題となった枯れ葉剤が非武装地帯に撒かれた。韓国側が「北が奇襲用に掘った」と主張するトンネルは板門店近くなど四カ所で発見されている。

韓国側では、非武装地帯と周辺に北朝鮮軍の侵入を防ぐため、三重の「バリケード」を築いている。まず、休戦ライン沿いに二重の鉄条網とレーザー光線を設置したフェンスが東西二四八キロを貫いている。奇襲に備えて道路上には戦車阻止のコンクリート防壁。さらに道路両側に地雷原を敷設している。

朝鮮戦争とそれ以後に埋設された地雷は、南北それぞれ約一〇〇万個（韓国国防省資料）

も残っている。二〇〇〇年の南北首脳会談を契機に非武装地帯内の鉄道復旧工事に双方が協力することで合意。鉄道と道路連結のため、南北国防相の会談を通じて分断後初めて非武装地帯の地雷除去も行われた。

二〇〇七年五月、京義線《キョンウィソン》と東海線《トンヘソン》で南北連結列車の試運転が実現した。同一二月、韓国側から開城工業団地への定期貨物列車の運行が始まった。

韓国側の南方限界線（非武装地帯の南端）から四～二五キロの幅で民間人の居住や出入りを厳しく制限する民間人統制線（民統線《ミントンソン》）がある。民統線内の耕作地に通う農民は出入りのつど、軍の許可が必要だが、南北間の雪どけで統制線内の規制も徐々に緩和され、韓国政府は宅地の造成、分譲に乗り出した。

海上では、在韓国連軍が北方限界線（ＮＬＬ）を設定した。だが、北朝鮮はこれを認めず、一九九九年と〇二年に黄海（西海）で南北艦艇の砲撃戦が起きるなど、トラブルのもとになっている。

〇七年南北首脳会談で、「西海平和協力地帯」をつくって共同漁業区域と平和水域を設定することが共同宣言に盛り込まれたことで、ＮＬＬの現状に変化の可能性が出てきた。

コラム　北朝鮮核問題

北朝鮮は一九五六年、旧ソ連と原子力平和利用協定を結んで核エネルギー研究に着手した。六四年には平安北道《ピョアンプット》寧辺《ニョンビョン》でソ連型原子炉を稼動させた。

冷戦ただ中の六八年、金日成首相（当時）は秘密演説で「米帝国主義を叩く」ためとして核兵器開発の必要を強調した。核戦略展開の将来方針を内部に示したものだ。

北朝鮮の核兵器開発が具体化したのは、九〇年の韓国と旧ソ連の国交樹立によって旧ソ連の「核の傘」から外れ、孤立感を深めたことが直接的な誘因だが、すでに七〇年代から韓国との経済競争に敗れ、通常兵力が劣勢に立たされたことも背景にある。

北朝鮮は九三年、寧辺の核施設に対する、国際原子力機関（ＩＡＥＡ）の特別査察を拒否して「第一次核危機」を招いたが、九四年の朝米枠組み合意で核施設は凍結された。しかし、北朝鮮はひそかに核兵器製造を再開し、二〇〇五年二月には「核保有」を宣言。ついに〇六年一〇月、核実験を強行した。これに対して国連安保理は制裁を決議、国際社会の非難が高まった。

北朝鮮の核兵器保有数について、日米は「最大六～八個」、韓国は推定で「一、二個」と見ている。

この問題を解決するため〇三年にスタートした南北朝鮮と日米中ロによる六者協議は〇五年に「朝鮮半島の非核化」をうたう共同声明を採択し、〇七年三月には核施設の稼動停止から「朝鮮半島非核化」までの措置を段階的に実施するという合意書を採択した。米国による北朝鮮に対する金融制裁で一時、動きは停滞したが、米国が対話姿勢に転換したことが後押しして、同一〇月に核施設の「無能力化」など第二段階の措置に入ることで合意した。

しかし、北朝鮮のプルトニウム生産量と核兵器の保有状況やウラン濃縮計画を含む「核計画の申告」、また核物質や核技術を移転しないこと（核不拡散）の確認など課題は山積している。

九一年に南北で合意した「朝鮮半島非核化共同宣言」も白紙には戻っていないが、実効性は低い。

北朝鮮の核は、「権力は軍力から出る」とする金正日《キムジョンイル》総書記（国防委員長）の威信誇示と体制維持の手段であると同時に、米国を休戦協定に替わる平和協定の締結から国交交渉に引き込もうとするカードでもある。米国は核放棄を条件に北朝鮮を「テロ支援国家」指定から解除する意向だが、これに対して日本は「拉致問題の解決」が前提だと主張している。国際的な駆け引きのなかで、北朝鮮核問題の解決は曲折をたどっている。

コラム　南北の軍事態勢

《南》朝鮮戦争勃発後の国連安全保障理事会決議（五〇年六月二七日）にしたがって米国を中心に一六カ国が「国連軍」として参戦。休戦後、米国以外の各国部隊は連絡将校を除き順次引き揚げ、現在、在韓国連軍と在韓米軍はほぼ一体化している。

在韓米軍は、五四年一一月に発効した韓米相互防衛条約に基づき、米国の対韓軍事公約を具現する存在で、北朝鮮に対する強い抑止力となっている。

七八年には米軍と韓国軍の「韓米連合軍司令部」が創設され、これによって在韓国連軍司令官の権限は休戦協定に関する部分に縮小された。九四年、平時の作戦統制権（指揮権）は米軍から韓国軍に返還された。戦時の作戦統制権も二〇一二年に韓国軍に移管される見通しだ。

在韓米軍は最新鋭機F‐16を保有し、北朝鮮侵攻の有事には空母などを日本から急派する態勢。〇一年には韓国がMTCR（ミサイルと関連技術の移転規制）への加盟によって射程三〇〇キロまでの弾道ミサイル開発が可能になった。韓国軍は〇八年後半にはイージス艦を導入する予定だ。

米軍再編の一環で在韓米軍の兵力削減とハイテク化が計画され、司令部も二〇一三年ごろまでにソウル・竜山《ヨンサン》から南の平沢《ピョンテク》へ移転する予定だ。

総兵力は韓国軍が約六九万人。在韓米軍は主力の第二歩兵師団など約三・六万人（平成二〇年版『防衛ハンドブック』）。

《北》北朝鮮は一九六〇年代に全人民の武装化、全国土の要塞化など「四大軍事路線」を打ち出した。中国、旧ソ連との軍事同盟関係は堅く、六一年五月に朝中友好協力相互援助条約を、同七月には朝ソ友好協力相互援助条約を結んだが、冷戦終結後、九一年のソ連消滅で朝ソ条約は失効した。

冷戦後、中国、ロシアからの軍事支援は大きく減った。金正日国防委員長は、九九年から軍事最優先の「先軍政治」を掲げて軍事力増強を図り、とくに核兵器と弾道ミサイルの開発に力を入れてきた。破壊工作などに従事する特殊部隊も持つ。

北朝鮮は〇六年の核実験によって「核抑止力保持」を強調した。だが、〇八年の政策方針では六者協議の展開もにらみながら「先軍政治」を過度に打ち出すことなく、「経済強国」建設に重点を移す姿勢だ。その背景には軍備偏重が民生を圧迫している状況がある。

弾道ミサイルは九〇年代に入って射程距離を延ばし、九八年には日本列島を飛び越える「テポドン」（射程約一五〇〇キロ以上）を発射した。〇七年、建軍七五周年軍事パレードで一五年ぶりに兵器が登場、新型中距離弾道ミサイル（ＩＲＢＭ、射程二五〇〇―四〇〇〇キロ）も公開された。〇八年三月には黄海で短距離ミサイル三発を発射した。北朝鮮のミサイルは有事の際に日本や在日米軍を標的とする一方、外貨稼ぎの手段にもなっている。

総兵力は陸軍を中心に約一一〇万人（同前ハンドブック）。そのうち三分の二の兵力とロケット砲などが非武装地帯沿いに集中配備されている。ただ、装備の多くは旧式である。

I

分断の象徴

板《パン》門《ムン》店《ジョム》

仮小屋のように見えるが、左側の平屋の建物が歴史的な休戦会談場である。
手前に立つのは韓国側の警備兵。正面は北朝鮮側の板門閣。

1　緊張和らぐ観光地化すすむ

✣南北関係の定点観測地

板門店《パンムンジョム》は、朝鮮半島を取り巻く国際情勢のさまざまな要素が濃縮された「ショーウィンドー」であり、分断国家の苛酷な断面を体感しつつ南北関係の変化を探る定点観測地でもある。

直径約八〇〇メートル。楕円形にやや近い人工空間は「戦争と平和」が混在する現代史の縮図だ。だから板門店観察のポイントは戦争継続の部分と、逆に平和移行への部分、その中間のグレーゾーンを正確に把握することにある。

首都ソウルから車で北へ。板門店の玄関口、臨津閣《イムジンガク》まで国道一号を約五〇キロ、わずか四〇分ほどの距離だ。この幹線道路は「統一路《トンイルロ》」と名づけられ、民族の平和への希求を体現している。七二年七月の南北共同声明で始まった南北赤十字会談で、代表団をのせた車がコスモスの咲き乱れる統一路を市民の歓迎に包まれて行き来した。

「統一路」を走ると、途中に朝鮮戦争に国連軍として参戦したフィリピン軍の記念碑が立つ。国連軍は米軍を主軸に一六カ国だったが、医療部隊派遣（五カ国）を加えると計二一カ国にものぼった。

殉職した韓国人従軍記者一八人の追悼碑がある。輪転機と平和の願いをデザイン化したものだ。いまは統一路から西寄り、漢江《ハンガン》沿いの「自由路《チャユロ》」が板門店への主要路線だ。北上しながら陸橋状のコンクリート防壁を何度かくぐる。有事にはコンクリートを爆砕し、敵の戦車を阻止する装置だ。ピリピリした空気が漂ってくる。

✣「統一」へ牛が先に渡った

板門店への入場門となる「統一大橋《トンイルテギョ》」の手前で韓国軍兵士によるパスポートのチェックを受ける。この橋は九八年に完成し、全長約八〇〇メートル、幅約六〇メートルの堂々たる「南北の架け橋」である。

「人間より早く牛が渡った橋」として知られる。そのわけは、完成直後に韓国の財閥、現代《ヒョンデ》グループの故鄭周永《チョンジュヨン》名誉会長が五〇〇頭の牛を先頭にしてこの橋を渡り、北朝鮮に入ったから。鄭さんは二回目には五〇一頭を連れて行った。それは父親が牛を売って得た金を持ち出して北朝鮮・通川《トンチョン》の故郷からソウルへ出奔、出世した恩返しの一頭を加え、また統一への最初の一歩と意味づけるためだった。だから、鄭会長は牛を運んだトラックも北朝鮮に贈り、運転手だけが南に戻った。この訪朝が、分断史上画期的な北朝鮮領・金剛山観光（第Ⅲ章）への道を開いたのだった。

橋を渡って間もなく、北の開城へと続く高速道路の入り口を通過。南北の鉄道・道路連結事業の一環で、ここにも平和が息づき始めた。

✣「9・11」後に変化

統一大橋から約五分で板門店警備の国連軍支援隊が駐屯するボニファス基地に到着。ここで国連軍のバスに乗り換えて基地内に入る。

基地にはロッジ風とテラス付マンション風の二種類の新しい兵舎が数棟並ぶ。九・一一以後、在韓米軍の前線態勢強化をうかがわせる。

下士官クラブでビュッフェ形式の昼食をとる。洋風だが、韓国メニューもある。味はまずまずだ。（最近は烏頭山《オドゥサン》付近の韓国レストランの利用が多い。）

食後は映写室で板門店についての事前学習だ。スライドを映しながら、韓国人の青年兵士が要点を説明してくれる。

いよいよ板門店への最終ルート。基地の出口でバスに韓国人警備兵が乗り込む。顔にはまだ幼さが残るが、銃に弾を込めるのを見ると車内に緊張感が漂った。

バスは非武装地帯の南方限界線を越えた。

左側に田んぼが広がる。このあたりで八〇年代末の南北対話当時、取材バスの中から一羽の高麗キジを見かけた。赤と紺のビロードのような羽根。南北が互いに一歩も譲らぬとげとげしい会談のあと、天から舞い降りた美の使者に一瞬、人間世界の争いを忘れた。

前方に小高い丘が見える。左手は「二四〇高地」、右手が「ＯＵＥＬＥＴＴＥ高地」。緑色の偽装網で覆った要塞は昼夜を問わず臨戦態勢にある。丘の頂きから、晴れた日には一七～二七キロ先の北朝鮮領まで監視できるという。ここにはクリントン米前大統領が九三年に、ブッシュ大統領も二〇〇一年に訪れて最前線の米軍兵士たちを激励した。

バスはぐんぐん休戦ラインに接近する。

右手に見える赤い屋根の兵舎は緊急出動部隊の詰め所だ。有事の時には一分～一分半で出動できるよう、完全武装で二四時間待機態勢をとる。寝る時も軍服を着たままベッドに入る。最速出動記録は八四年にソ連青年が亡命した事件（四五―四六ページ）で、わずか三八秒だったという。

ここに来て赤く塗られた地雷除去機二台が見えた。韓国軍第一歩兵師団建設部隊のもので、トラクターのような姿が頼もしく感じられる。

最後の第三検問所「チャーリーポイント」を越えた。この通称名は「ベルリンの壁」の検問所と同じだ。東西の雪どけの時間差を考える間もなく、早くも板門店到着だ。

✣歴史が息づく会談場

板門店のこの変化はどうだろう。

私はここには、七〇年代の語学留学生時代につづいて、八〇年代後半からのソウル特派員当時は韓国の対ソ連・中国接近、いわゆる「北方外交」に伴って展開された南北首相会談や赤十字会談、軍事会談などの取材で数え切れないほど訪れたが、そのたびに新たな変容を発見した。歴史の生きた舞台ならではだ。

伝統的なあずまや風の「自由の家」は、九八年に建ったモダンなガラス張り四階建てのビルに主役を譲った。以前はシャットアウトだった韓国人の団体が「観光」に来るようにもなった。ただ、韓国人は三〇人以上の団体に限られ、しかも政府に三カ月前に申請しなければならないというから、「雪どけも半ば」だ。

自由の家から北に向かって、左から中立国監視委員会室、軍事休戦委員会本会談場、領官（佐官）級の当直将校会議室の建物が並ぶ。南北連絡官の接触もここで行われ、会議に関する電話通知文などを交換する。仮小屋を思わせる建物群だが、冷戦期から風雪を刻んできた重みが迫ってくる（三三ページ写真）。

そう、ここがまさに半世紀以上も南北が対決の火花を散らし、他方で対話の糸も連綿とつむいできた現場なのだ。

冷戦時代、本会談は激しい非難の応酬がしばしばだった。一方、会談場の中を通って日本人特派員を含む南北双方の内外記者たち数十人が越境取材を許され、周辺のベンチに腰掛けたり、立ち話を交わしたりして情報交換の場となった。北朝鮮の「記者」たちは日本の政治状況や外交政策などについて粘っこく聞いてきた。

会談場のテーブル中央を這うマイクコードはそのまま休戦ラインだ。冷戦期、南北はテーブル上に自国旗を立ててその高さを競うという、いささかこっけいな光景も見られたが、いまは真ん中に国連旗だけがある。北朝鮮側は北側からの客が来ると国旗を持ち出してくるという。

✣越えられぬ「壁」

会談場の外にコンクリート製の突起帯が走る。高さ約一〇センチ、幅約五〇センチのありふれたコンクリ板だ。しかし、朝鮮半島取材四〇年、北は新義州《シンウィジュ》、白頭山《ペクトゥサン》から南は釜山《プサン》、済州島《チェジュド》まで縦断した私だが、この眼下の「ライン」だけはいまだに越えられないのだ！　恐らく南北統一の日まで。

この「壁」を見つめるうちに、板門店で起きた数々の「事件」が走馬灯のように脳裏をめぐった。

八五年、分断史上初めて南北離散家族が境界線を越えてソウルと平壌を相互訪問し、三〇余年ぶりに肉親と涙の再会を果たした。

ベルリンの壁が崩壊した八九年、平壌での世界青年学生祭典に参加した韓国の女子大生、林秀卿《イムスギョン》さんが民間人として初めてこのラインを突破して南に戻った事件は衝撃的だった。林さんは国家保安法違反で逮捕されたが、「祖国は一つだ」という全身からの叫びは強烈だった。のちに釈放された彼女にインタビューした時、「平壌で学生、老人など普通の人といっぱい会って、民族の同質性を確認した」と語るその瞳には一点の曇りもなかった。

翌九〇年、「青天の霹靂《へきれき》」ともソウルでいわれた南北首相会談が実現し、両首相が交互に平壌へ、またソウルへと民族服の女性たちの歓迎を受けて境界を越えた。朝鮮半島の潮流の激変を肌で感じたのはこの時だ。

ポスト冷戦のハイライトは九四年、カーター米元大統領の南北同時訪問だった。板門店を越えて平壌入りし、金日成主席と会談して北朝鮮の核開発凍結で合意。「第一次核危機」の火消し役を果たした。

カーターは帰路、再び境界をまたいでソウルに戻り、金日成主席の南北首脳会談提案を発表。金泳三大統領は即時受諾を表明したが、二〇日後に金日成が急死して首脳会談は幻と消えた。

✣悲しい米兵の遺骨返還

板門店は米国と北朝鮮の直接接触の場という重大な役割も担ってきた。休戦協定調印者としての会談参加と、もう一つは朝鮮戦争での行方不明米兵（ＭＩＡ＝missing in action）の遺骨返還という悲しい形で。両国関係がはるかに遠かった八〇年代、北朝鮮のかつての激戦地で発見された米兵遺骨の返還は、遺族をはじめ米国社会の悲願と、関係改善を期待する北朝鮮が接点を見出す「人道事業」として始まった。

朝鮮戦争で犠牲になった米兵を含む国連軍将兵の遺骨のうち、四〇二三体は五四年に北朝鮮兵ら一万余体と交換された。米国防総省によると、行方不明米兵は八〇〇〇人余りで、ほかに三九八人が捕虜になった。米国の在郷軍人会や遺族らの強い希望で九〇年五月、三六年ぶりに米兵五人の遺骨返還が板門店で実現した。

米兵遺骨の返還はベトナム戦争の場合、米国・ベトナム国交樹立のきっかけになった。私は、米朝の外交関係樹立の契機になるかもしれないという予感を抱いて、現場取材に駆けつけた。米下院議員団が参席し、国連軍儀典兵が葬送曲を奏るなか、国連軍の旗を巻かれた棺は南側地域に運ばれた後、ハワイの遺骨鑑識所へ送られた。

翌九一年六月にも一一体の遺骨が返還され、このとき、ラインを越えて北側地域の会見場「統《トン》一閣《イルガク》」を訪れたロバート・スミス米上院議員を迎えたのは、金正日側近で対米外交を仕切る姜錫柱《カンソクチュ》第一外務次官だった。

遺骨返還は米朝の合同調査・発掘が進み、これまですでに二〇〇体を超えた。この間、九六年には在韓国連軍司令部が発掘・返還費用として現金二〇〇万ドルを北朝鮮に渡したと韓国メディアが報じた。遺体とカネ――これも国際関係の現実だ。〇五年に作業はいったん中断したが、〇七年にも六体が返還された。米朝双方が必要とする事業なので今後も継続されていくだろう。

私の耳底に残る板門店の葬送ラッパ。その記憶はいま、イラク戦争で犠牲になり、無言で祖国に帰った米兵を悼む光景と重なる。

✣対決色薄れ対話定着

会談場の北側正面に北朝鮮軍警備本部とされるコンクリート二階建ての「板門閣《パンムンガク》」がある。北朝鮮将校が窓から双眼鏡で南からの見学者をチェックしている。旧ソ連軍スタイルの軍服の襟章が赤は兵士、青なら将校だ。北側の警備兵の数は冷戦期に比べて格段に減った。

米韓側の警備にも変化が起きている。板門店の南側地域の警備は九一年一〇月から韓国軍へ移管された。

九四年一二月、韓国軍に対する平時の作戦統制権が在韓米軍から韓国軍に移管されたことと併せて、前線体制の「韓国化」の一環である。

板門店の警備大隊五〇〇人の構成は、米軍が三〇〇人から二〇〇人に減り、逆に韓国軍は二〇〇人から三〇〇人にふえて韓国軍の比重が大きくなった。

双方の兵士が険しい表情で角突きあわせた冷戦期と違って、いま板門店には穏やかな空気が流れる。

小高い丘の上にある第五哨所へ上る。ここから見える北朝鮮側の宣伝用の巨大看板と対南放送は定点観測の対象の一つだ。

冷戦期の看板には、反米機運を促す「南朝鮮は米国の傀儡」や、統一への主導権をねらって『二つの朝鮮』反対」が多かった。それが冷戦終結で変わった。二〇〇〇年の南北首脳会談以後は対南非難が影をひそめて「二一世紀の太陽　金正日《キムジョンイル》将軍万歳」や「われらの将軍が一番」と体制優位の主張が主流だ。

四半世紀も板門店をウォッチしてきた旧知の在韓国連軍公報官、金永圭《キムヨンギュ》さんはいう。「南北関係は、統一をめざす七二年の南北共同声明を契機に対決から対話の時代に入った。二〇〇〇年の南北首脳会談後は、北の対米非難放送も相当減った。対話を続けることで軍事的緊張を確実に減らせます」と。

映画「ＪＳＡ」の舞台となった「帰らざる橋」。奥は北側の哨所。

✣体制映す「帰らざる橋」

朝鮮戦争の砲火がやんだあと、南北双方の多くの捕虜たちがこの橋を渡って故郷に帰った。彼らは橋の手前で敵から支給された服を脱ぎ捨てて、自分の帰属する体制に忠実であることを誇示し、二度とこの橋を渡らぬ決意を見せつけた。「帰らざる橋」のゆえんである。

韓国の大ヒット映画「ＪＳＡ」の舞台はここだ。見た方も多いだろうが、非武装地帯をパトロール中に部隊と離れ、地雷を踏んでしまった韓国軍兵士が北朝鮮兵に助けられ、そこから始まる南北兵士の交歓と破局の物語。橋の手前、韓国側の第三哨所に勤務するイ・ビョンホン扮する韓国軍兵長は、橋を渡ってソン・ガンホ演じる北朝鮮中士（下士官）のいる北朝鮮側第七哨所を訪問、プレゼントの交換をしたり、酒を酌み交わしたりして友情を深める。

緊張の最前線で信じがたいストーリーだが、原作の小説『ＪＳＡ』の作家、朴商延《パクサンヨン》が九六年に国内の文学賞に応募し、「ありえないストーリー」として落選した後、九八年になんと同じような「事件」が発覚し、俄然注目を集めて映画化が決まったという。事実は小説よりも奇なり——。

しかし、「友情」の結末は、南北交歓の最中に北の見回り兵が哨所に来て、秘密が発覚。撃ち合いの末に破局を迎える。南北融和の流れにも、なお厳しい対峙の現実があることを思い知らされる。

この橋の近くでは、冷戦ただ中の七六年八月、「ポプラ事件」があった。ポプラの枝の伐採をめぐって北朝鮮兵士が米将校二人をオノで殺害、米軍と韓国軍の各四人が重傷を負った。

問題のポプラは事件後、切り倒され、現場には追悼の銘板が置かれ、弔花が寄り添う。一抱え以上もある切り株はガラスケースに納まり、犠牲になった米軍の少佐と中尉の遺品とともに、ボニファス基地の休憩所兼売店「勇士の家」で見ることができる。

✣自由へのエクソダス

再び「自由の家」に戻る。

この一帯で、ソ連青年の「自由への脱出劇」があったのは八四年だった。平壌のソ連大使館

（当時）のガイド兼通訳だった青年がソ連人観光団から抜け出して亡命を求め、南北撃ち合いになったのである。北朝鮮兵三人と韓国兵一人が死亡、米兵一人も重傷を負った。この青年は現在、米国に住んでいるという。

新しい「自由の家」で、九八年秋と九九年春に中立国監視委員会のスイスが主催して平和を願う音楽会が開かれた。チェコ人ピアニストも参加し、南北の警備兵たちは「三八度線上のアリア?・」（朝日新聞）に聴き入った。

自由の家から一〇〇メートル余り先の「平和の家」は脱冷戦時代の南北対話幕開けとともに建てられた会見場だ。ここでの記者会見ではソウルとつながるわずか二台の送稿用電話の奪い合いだった。

板門店の見学客は年間一〇～一一万人を数える。そのうち日本人と欧米人が三割ずつ、韓国人が四割程度だ。

板門店が冷戦の雪どけとともにどんどん観光地化し、世界に開かれたスポットとなっていくことで境界線消滅への動きを促し、やがて「平和のシンボル」に変身する日を待望する。

✣軍事地帯を耕す民

帰途、バスは「大成洞《テソンドン》」のゲートを通過する。

この一帯の農地は「自由の村」と呼ばれる大成洞の住民が、父祖の地を離れがたく、最前線の危険を顧みずに耕作してきた。人口は約二〇〇人。住民は兵役と税を免除されているが、土地所有権はない。

作物はコメ、大豆、朝鮮人参など。無農薬栽培で価格は少し高いが、韓国でもヘルシー指向が強まるなかで人気がある。年間収入七五〇〇万ウォンの世帯もあり、これは韓国農村で最高クラスだという。

住民は毎晩、戸締りを確かめ、午後一一時以降は通行禁止と生活規範はきびしい。小学校、教会が一つずつある。「戦争と隣り合わせ」の環境のなかでも確かな暮らしが刻まれている。村にひるがえる太極旗（大韓民国旗）は一〇〇メートルもの高さだ。

一方、北側の対称的な位置にある「平和の村」（韓国では「宣伝村」と呼んできた）の人共旗（朝鮮民主主義人民共和国旗）は一六〇メートル。一時は一八〇メートルにも達した。

体制の象徴だけに、国旗の高さ競争は双方の意地の産物だった。

八六年、金日成主席死亡説が世界に流れて緊張が高まったとき、ここの人共旗が「半旗」になっているという情報が「誤報」の根拠の一つになったといういわくがある。

✣北から訪れた板門店

私は八五年の北朝鮮取材のあと九九年にも日曜版「一〇〇人の二〇世紀——金日成」取材のため平壌から開城《ケソン》を経て板門店を訪れた。

高麗時代の首都、開城から板門店まではわずか一〇キロ。開城の市街地を抜けて板門店に近づくと、五三年七月二七日に行われた歴史的な休戦協定の調印式場がある。国連軍のハリソン、北朝鮮軍の南日《ナムイル》両首席代表が署名したとされるテーブルが置かれている。その卓上から、東西陣営が容赦なく対決していた時代のキナ臭さが立ちのぼるような錯覚を覚えた。それは、戦争終結ではなく休戦の継続にすぎない、不確かな状況をつくった現場に立っているからに他ならない。(休戦協定はその後、クラーク国連軍司令官と金日成朝鮮人民軍最高司令官、彭徳懐中国人民志願軍司令官がそれぞれ署名した。)

北側の哨所へ。ここから南側をのぞむと、目に飛び込んでくるのは板門店の手前に立ちはだかる長大なコンクリート壁だった。金日成主席はベルリンの壁崩壊に反応して、九〇年の新年の辞で、統一の物的障害となる「コンクリート障壁を除去しよう」と訴えた。米韓側の説明は、北朝鮮からの戦車侵入に対する防壁だということだが、反対側から見たとき、相当な威圧感を与えていることは確かだ。

北朝鮮が三日間で完工させたという「七二時間橋」を渡り、板門店の北側地域に入る。南の「平和の家」に対応する「統一閣《トンイルガク》」はゆったりした間取りの対話の舞台。北朝鮮は空間感覚も中国と近いことを知らされる。

九九年の取材は、北朝鮮が日本列島を飛び越す弾道ミサイル「テポドン」を発射して（九八年八月三一日）から一周年にあたる時期だった。同僚記者と一緒に板門閣で会った朝鮮人民軍板門店代表部の参謀は、テポドンは「光明星一号」と名づけた人工衛星だとの北朝鮮の公式発表を踏まえながら、「日本はこれを口実にして米国、南朝鮮（韓国）と戦域ミサイル防衛（TMD）などのたくらみを進めている。それならわが国も国防力増強の道を歩まざるをえない」と話した。その一方で彼が、「地理的に近いわれわれ（北朝鮮と日本）は一日も早く関係改善し、隣邦として仲良く暮らす道を歩むべきだ」と柔軟な対日姿勢を示したのは印象的だった（朝日新聞九九年九月一日付朝刊）。

板門閣のバルコニーから南側地域の新しい「自由の家」を見ると、鼻先に迫る巨大なガラス張りの建築に圧倒された。南北の経済力の差をまざまざと見せつけている。北朝鮮側は米韓のパワー誇示のシンボルと受け止めていることだろう。

北朝鮮側から訪れた板門店で、ここが厳しい国際政治のるつぼであることを改めて実感させられた。

他方、九〇年代半ば以降、北を打ちのめした水害のつめ跡も開城付近で見た。復旧ままならないなかで、必死に生き抜こうとしていた北朝鮮の住民たちの懸命な姿は忘れられない。

コラム　板門店《パンムンジョム》

昔は「板戸の里」といわれ、朝鮮戦争まで一寒村にすぎなかったが、休戦協定調印の舞台として一躍、世界史に名前を刻んだ。

いま板門店と呼ぶのは、国連軍（実質的には在韓米軍）と北朝鮮軍による直径八〇〇メートルほどの共同警備区域（ＪＳＡ＝Joint Security Area）のこと。ソウルの北西、直線で四〇キロの非武装地帯の上に位置する。

板門店は南北の政治、軍事の緊張度を測るバロメーターであると同時に、南北交流・協力の接点でもある。

双方の警備兵は当初、相手地域への出入りが自由だったが、一九七六年の「ポプラ事件」後にコンクリートの境界板が敷設され、互いに休戦ラインを越えることができなくなった。

主要な対話チャンネルは、協定調印当事者の直接的な監視機構である軍事休戦委員会、第三者による間接的な監視機構としての中立国監視委員会（スイス、スウェーデン、チェコ、ポーランド）、それに当直将校会議。政府当局者間の窓口である南北連絡事務所は南側の「自由の家」と北側の「板門閣」に置かれ、南北両赤十字の連絡事務所もある。

重大な協定違反について開く軍事休戦委員会のメンバーは、南が在韓米軍の将軍を首席とする国連軍三人と韓国軍二人、北も朝鮮人民軍四人と協定調印当事国の中国軍代表一人のそれぞれ五人で開かれていた。だが、九一年に国連軍側首席代表に韓国陸軍少将が任命されたことに北朝鮮が抗議、同委員会への出席を拒否して以来、機能していない。

北朝鮮は現行の休戦体制を平和協定体制に替えるねらいで、九三年四月以降、中立国監視委員会から北側のチェコ、ポーランドを撤収させたため、同監視委の機能も停止した。また同五月から朝鮮人民軍板門店代表部が置かれた。休戦協定調印当事国である中国代表団も同一〇月に撤収した。

しかし、二〇〇〇年の南北首脳会談後、南北国防相会談や実務レベルの軍事協議が行われた。〇四年からは南北将官級会談が開かれるなど、軍事トラブルに対応するチャンネルは維持されている。

コラム　映画「ＪＳＡ」

映画では、建前でなくホンネの南北関係が出てくるシーンが見所だ。

その一。贈られたチョコパイをほおばる北の中士（ソン・ガンホ）に、南の兵長は「南に来ない？　チョコパイたらふく食えるよ」と亡命を誘う。と、中士は「俺の夢はいつか共和国（北朝鮮）が南よりずっとうまい菓子をつくることだ」とたんかを切る。が、「その日まで涙をのんでこのチョコパイで我慢しよう」と一度掌に吐き出したのをむしゃむしゃ食べてしまう。韓国人観客は思わず笑いながらも、北の同胞の貧しさにほろっとさせられたようだ。チョコパイで南北の現実を浮き彫りにした映像のすごさ――。

その二。除隊が決まり、北の哨所へお別れに来た兵長が「本当に戦争になったら四人で撃ち合いを？」と問う。南北計四人の前線将兵は沈黙するばかり。海外勤務経験のある中士は「ヤンキーがウォーゲームを始めれば、ここの警備兵の生存率はゼロ。戦争開始三分以内に北南とも全滅。焼け野原になるんだ」。南北警備兵同士の信頼と、超大国アメリカの力に対する恐怖感が凝縮された瞬間だ。

北朝鮮の核政策を批判する場面がある。イ・ビョンホンの部下が「(戦争のきっかけになる）核兵器なんかつくらなければいいんだ」と責めると、ソン・ガンホが「おれがつくったと？」と文句をいう。下っ端はいつも犠牲だ、という告発でもある。

2　緊張体感の「鉄柵《チョルチェク》ツアー」

✣残る冷戦期の空気

「警備兵と一緒に非武装地帯の鉄柵（鉄条網）沿いに歩く」——という案内文に魅かれ、勇んでツアーに申し込んだ。〇三年に登場した刺激的なスポットだ。

ソウルから自由路を北へ。女性ガイドの張《チャン》さんは「ドイツは統一して経済が悪くなったから、わが国も分断されたままでよいと思っていたが、経済がすべてではないです」と乗客に語りかける。「韓国では徴兵期間が二年もあるので、若者の結婚は遅れがちです。七歳の息子も一〇数年後には軍隊に行かねばならない。半世紀を越えた分断で南北の言葉は三分の一ぐらい違ってきたし、早く統一されないといけない」と力を込めた。

板門店に近づくと、「京畿道《キョンギド》ではすでに南と北は一つです」とうたっている看板を見た。開城工業団地の韓国人従業員たちが毎日、休戦ラインを越えて北へ通勤している現実がそれを後押しする。

緊張緩和で汶山《ムンサン》では高層建物がＯＫになった。地価も上昇中。「ここは統一されれば韓国の中心地になる」と張さん。

軍事作戦地区に入った。道端に地雷警告の標識。山菜取りで犠牲になるケースが多いのだろう。「山菜はあなたの生命より貴重なはずはない」と呼びかける看板が目立つ。

検問所で韓国兵のチェックを受ける。「臨津江《イムジンガン》を固く守ろう」との標語を記す木の看板は古びて、冷戦時代の空気を伝える。

地雷の標識が点々と目に付く。軍人の話では京義線工事のため地雷除去したとき、三一キロ区間でトラック一五台分を除去した。地雷は、大は対戦車用から小は足をちぎる目的のものまで約五〇種類もある。

赤壁のような臨津江の土手に点々と洞穴が見える。朝鮮戦争では住民の命を救う貴重な避難場所だったという。

✣生々しいゲリラ侵入現場

六八年一月、北朝鮮特殊部隊の武装ゲリラ三一人が凍結した臨津江を渡ってソウルの青瓦台《チョンワデ》（大統領官邸）付近まで侵入。警官隊と銃撃戦の末、二八人が射殺され、二人が逃亡、一人だけ逮捕された。冷戦下、この事件の直後には米国の情報収集艦プエブロ号が元山《ウォンサン》沖で北朝鮮海軍に拿《だ》

1968年、ソウルの青瓦台（韓国大統領官邸）を襲撃した北朝鮮ゲリラが侵入した現場。セメント製の人形の前で韓国の観光客たちが記念撮影する。

捕《ほ》される事件が起き、さらに翌六九年四月には北朝鮮が日本海（東海）上空で米国の偵察機EC121を領空侵犯を理由に撃墜。同八月にも北朝鮮が米軍ヘリコプターを撃墜する事件があり、緊張が一段と強まった。

休戦以来最悪の「青瓦台襲撃事件」。その侵入現場に立つ。

逮捕された金新朝《キムシンジョ》は牧師となり、ここに来てこう証言したという。「鉄条網の下の方を切断して侵入し、そのあと鉄線で結んでカモフラージュした」。はいつくばって鉄条網をくぐり、銃をかまえて青瓦台めがけて走り出す武装ゲリラたちのセメント製の人形がならぶ。雨風にさらされ風化した姿だが、観光客が記念撮影で横に立つと緊迫感がある。

わずか一〇メートル先に米軍哨所があった。

米兵は眠っていたのか、遊びにいって不在だったのか、ゲリラ侵入に気づかなかったという。事件のあと、報復のため金日成暗殺部隊が編成されるが、それがやがて実尾島《シルミド》事件を引き起こす（第Ⅵ章参照）。

米軍専用の射撃訓練場が近い。しきりにドカン、ドカンと腹に響く音。ダダダダッと連射の音。緊張を実感する。

非武装地帯の南方限界線に来た。ここから撮影禁止である。

鉄柵パトロールは兵士三人で一組。パトロールしながら侵入チェックのため、二重の鉄条網の所々に小石をはさんでおく。

だが、こちらのツアーにつくはずの警備兵が来ない。張さんは「突然の北からの発砲に備えて鉄柵沿いに歩くのは中止になりました。一カ月前にも弾が飛んできましたよ」とこわい話。

一帯の原野には補給用トンネルが網の目のように張り巡らされている。「化学戦への備え」という、高さ一メートル、直径五〇センチほどの赤く塗った半鐘が哨所のそばに吊るされている。鐘の音はサイレンより遠くに届くそうだ。

✣監視所が展望台に

監視所も観光資源にと、「勝利展望台」が〇三年一〇月に造られた。外壁の看板の文句は「高浪《コラン》

浦《ポ》絶対死守」「強い友達、大韓民国陸軍」。

展望台は静寂そのものだが、「いまも戦争」と記し、停戦から何日と告げる掲示にはぎょっとする。

目前に広がる非武装地帯の状況が模型で示されている。南の哨所は白色で示され計約三〇〇人が配置されている。北の哨所は赤で約九〇〇〇人だ。真正面に見える建物は北の「軍官観測所」で、張さんは「こちらを見張っていますよ」。

見張り用の「地下壕」の特別見学を張さんに頼み、軍のＯＫが出た。日本人ツアーでは初体験だそうだ。高さ一メートル余り、幅約六〇センチのトンネル。赤土を掘って土をかぶせた上に雑草が茂り、カモフラージュされている。直径一・五メートルの円形トーチカの中にもぐってみた。北に向いて監視用の穴があき、山並みが一望だ。

警戒任務で一カ月も地下生活をつづけて頭がおかしくなる兵士もいると聞いた。北朝鮮の兵士は最短でも一〇年間の兵役だ。南北を問わず、青春を対決の現場で送る兵士の胸中に思いを馳せる。

張さんは「小学校に入学して真っ先に『スパイ申告は一一三』と教わったけど、いまは北も同じ民族と思うようになりました」という。「日本人が非武装地帯に関心を持ってくれてうれしい。日韓が手を取り、アジアの平和をつくりましょう。みなさんも力を合わせて世界平和の中心になってほしい」との訴えが胸に響いた。

3 「冷戦の化石」標本――トンネルツアー

✣北が掘削したトンネル

冷戦時代の凍りつくような緊張をなまなましく体感できるのは、板門店からわずか四キロ南の「第三トンネル」だ。掘削状況や脱北者の証言などから「北朝鮮が対南奇襲用に掘った」とされる。韓国で発見されたこの種のトンネルは全部で四カ所もある〈次ページ表参照〉。米国の偵察衛星も動員されたと聞いた。米ソ対決時代のホットな軍事スポットでもあった。

ソウルから六三キロ、鉄柵ツアーで行った高浪浦《コランポ》近くの第一トンネルは一九七四年、第二トンネルは鉄原で翌七五年と、いずれも「民族大団結」をうたった南北共同声明（七二年）の発表後二、三年の間に発見された。七八年一〇月二七日、ソウルからわずか四〇キロの在韓国連軍管轄区域で「第三トンネル発見」と発表されると、韓国では大規模な糾弾大会が開かれるなど、対決機運が一気に高まった。そのあと、九〇年にも第四トンネルが東海岸に近い江原道で発見された。

ＤＭＺ周辺で発見されたトンネル

	第１トンネル	第２トンネル
発見時期	74．11．15	75．３．15
構造	コンクリート	自然岩盤掘削(アーチ形)
位置	高浪浦北東八キロ	鉄原北方13キロ
大きさ	幅90センチ、高さ２メートル	2.2メートル、2メートル
深さ	地下450メートル	地下50〜100メートル
長さ	3500メートル	3500メートル
浸透距離	1000メートル	1100メートル
予想奇襲方向	高浪浦・議政《ウィジョン》府《ブ》・ソウル	鉄原・抱《ポ》川《チョン》・ソウル
戦術能力	一個連隊浸透可能	一時間で大規模兵力と野砲など重火器通過可能
特徴	運搬車両使用 排水路、電気施設	複数の出口を作り有事にはいくつもの地域に浸透

	第３トンネル	第４トンネル
発見時期	78．10．17	90．３．３
構造	第２と同じ	第２、第３と同じ
位置	板門店南方４キロ	江原《カンウォン》道《ド》楊《ヤン》口《グ》北東26キロ
大きさ	２メートル、２メートル	1.7メートル、1.7メートル
深さ	地下73メートル	地下145メートル
長さ	1635メートル	2052メートル
浸透距離	435メートル	1028メートル
予想奇襲方向	汶山・ソウル	ソファ・ウォンドン・嶺《ヨン》東《ドン》高速道路
戦術能力	第２と同じ	第２、第３と同じ
特徴	第２と同じ	第２、第３と同じ

北朝鮮のトンネル掘削技術は「軍のご自慢で世界的なレベル」と、ある在日朝鮮人実業家はいう。北朝鮮はその技術を駆使して、核施設はいうまでもなく最前線の兵器庫もほとんど地下につくってきた。平壌の深い地下鉄もこの技術による。

トンネルは、ある脱北者によれば「二〇カ所ある」というが、その後は発見されていない。第一トンネルは冬、見渡す限りの雪原で不思議なことに一カ所、水蒸気が噴き出していたことからボーリングして確認された。第二トンネルは音波で突き止められた。

第三トンネルは、北でトンネル測量に従事した亡命者の証言から。それにもとづいて一〇七カ所をボーリングして水を注入した。一、二年たっても何の変化もないので、証言はウソかと思われた。ところが、七八年になって調査孔から水が噴き出してきた。ダイナマイトの爆圧のために花崗岩の地下を掘ったところ、トンネルに遭遇した。

これらのトンネルについて、北朝鮮側は「近代戦でトンネルなど掘るわけがない。でっちあげだ」と否定し、在韓国連軍が提案した共同調査も拒否した。しかし、ベトナム戦争で北ベトナム軍が地下にトンネルをはりめぐらして米軍に抗戦した経験を北朝鮮が学んだという見方もある。

韓国は「安保教育のため」としてトンネルを公開した。ここは足で歩き、手で触れることのできる「冷戦の化石」標本である。

北朝鮮側が南侵用に掘ったといわれる第３トンネルの地底へ行くモノレール

✣モノレールで地底へ

第三トンネルへ。ここは冷戦期の八六年、ソウル・アジア大会取材の外国人記者団に公開された。トンネルにいたる三〇〇メートルの地下道を歩いて下った。行きはよいが、帰りは結構急な上り坂。息が切れた。ところが二〇〇二年五月にモノレールが完成、楽々往復できるようになったのはありがたい。

備え付けのヘルメットをかぶってモノレールに乗車した。一列二人掛けの座席。花崗岩のトンネルに進入すると、中はひんやり。気をつけないと、時折、天井にヘルメットがごつんとぶつかる。車両が下るにつれて、だんだん緊張感が高まっていく。

三〇〇メートルを七、八分で下りて下車。そこから「探検」だ。

このトンネルは地下七三メートル。全長一六三五メートルだが、休戦ライン直下から南へ四三五メートル浸透している。ラインから南側に向かって三カ所ある遮断壁の一番手前まで見学できる。

モノレール降車場の近くには「統一薬水」と名づけられた湧水がある。酸素注入口から風が出ており、息苦しさはまったくない。

トンネルは幅、高さともに約二メートル。野砲や小型車両などの装備とともに一時間に三万人の重武装の兵士が四列縦隊で通過できるという。さきの脱北者は「第三トンネルは出口を五カ所つくる予定だった」と証言した。それなら南への迅速な奇襲攻撃が可能になる。韓国側が第三トンネルに最も警戒感を強めた理由である。

天井、側壁のところどころに黄色いペンキが塗られた孔《あな》がある。ダイナマイトを仕掛けた跡で、孔の方向は南を向いている。発見時、工事に使われた北朝鮮のレールや枕木、工具があったことと併せて、北朝鮮が掘った証拠とされる。

トンネルはやや北側に傾斜して掘られ、地下水が北側へ流れるように設計されている。これも工事を隠す工夫だったろう。

第三トンネル発見が公表された七八年は、ベトナム戦争終結後の緊張緩和が広がるなか、在韓米軍の撤退計画が第二段階に入る時期だった。一方、中国の鄧小平副首相（当時）が日本訪問中で、「北が南に武力攻撃をしかける兆しはない」と発言するなど、緊張緩和促進を強調していた。

ところが、奇襲用トンネル発見で南北関係は緊迫。米国防総省は年明け早々に北朝鮮地上軍が推定兵力を上回っていると発表し、在韓米軍撤退計画もやがて凍結に向かう。トンネルはデタント（緊張緩和）へ進む地球時計の針を少し逆に戻したのだった。

✣核のカナリア

八六年の取材では、トンネル発見後にコンクリートで急造した休戦ライン直下の対北防御壁までたどりついた。そこでは若い韓国兵が不動の姿勢で銃をささげ、「面壁」の構え。有毒ガス感知のために置かれた籠の中の十姉妹《じゅうしまつ》！　凍りついたような緊迫の空間がいまも生々しく脳裏に刻まれている。

大江健三郎さんは八〇年代から「核のカナリア」を説く。米国の現代作家、カート・ヴォネガットは「芸術の『炭鉱のカナリア』理論」として「芸術家たちが社会にとって有効なのは、きわめて危険を感じやすいことだ」という趣旨の発言をした。大江さんはそれを引用して、核時代の作家としての社会的役割を強調したのだ。

そのカナリアこそがいま、北朝鮮の核問題に直面する朝鮮半島で、現実に最も必要とされるものだ。「ポスト冷戦」におけるこの恐怖のパラドックスは、東北アジアに住む私たちの眼前にある真実なのである。私は叫びたい。「カナリアを殺すな！　お前が息絶える時、それは第二次朝鮮戦争の確実な始まりだから」と。

いまもトンネル内部ではカメラが作動し、二四時間、厳しい監視下にある。だが、地上に戻ると、観光客たちが警備兵とならんでVサイン。記念撮影にはしゃぐ。モノレールが繰り返し地下に客を運んでいく。

乗車場横には展示館。朝鮮戦争の記録やほかのトンネルの様子を映像とパネルで示す。非武装地帯は「冷戦の遺産」だと指摘する映画は、ナレーションでこう語る。

「自由に非武装地帯を散歩できる日が一日も早く来ることを願う」

私は「化石」の標本が、標本のままで永遠に封印されることを祈った。

4　統一列車の夢

✣ついに38度線を越えた「鉄馬」

「統一列車」。『KOREA　POLICY　REVIEW』07年６月号の表紙から。

二〇〇七年五月一七日、歴史的な汽笛が軍事境界線に鳴り響いた。朝鮮戦争で南北に断ち切られた鉄道が、半世紀ぶりに息を吹き返したのだ。一日限りの試運転とはいえ、南北関係史に大きな一歩を刻んだ。

韓国の首都ソウルと中朝国境の町・新義州《シンウィジュ》を結ぶ京義線《キョンウィソン》。それと日本海（韓国では「東海《トンヘ》」）沿いの「東海線」の二カ所で試運転が行われた。五〇年余りも軍事的対峙がつづいた南北の「壁」を破って進む列車。がっしりした機関車は花で飾られ、男泣きしているようにも見えた。

試運転は、京義線が板門店に近い汶山《ムンサン》から北朝鮮の開城間の二七・三キロ。朝鮮戦争さなかの五一年六月に断絶して以来だ。東海線は韓国からの観光客で賑わう北朝鮮の特区・金剛山から韓国・猪津《チェジン》までの二五・五キロ（五〇年九月断絶）。冷戦期、汶山駅のやや北側、線路が途切れ草むらに没した地点に「鉄馬《チョルマ》（汽車の意）は走りたい」と記された大看板が立っていた。

二〇〇〇年の南北首脳会談を契機に京義線などの復旧が決まってから七年。〇六年五月の南北実務接触でいったん試運転に合意したが、北朝鮮側が列車運行に対する軍事保障に応じないため延期されていたのだ。

ジグザグをたどった末にようやく走った「統一列車」だけに、韓国側では派手に爆竹が鳴るなか、汶山《ムンサン》駅を出発する六両編成の「鉄馬」を数千人が見送った。この列車には、南北閣僚級会談の首席代表はじめ双方から計一五〇人が乗り、一時間半後に開城到着。テレビに映し出された京義線の元機関士は「うれしい」と感無量の表情で涙を流した。

一方、金剛山駅での北朝鮮主催の記念行事はわずか一五分。北朝鮮の鉄道相は金日成父子の英雄ばなしを始め、困惑した韓国統一相は「トイレはどこ？」と緊急避難の構えで、雰囲気がしらける場面もあったという（韓国紙）。

南北のこの温度差は、韓国がこれを機会に南北融和を進めたい一方で、北朝鮮は「南の風」が体制を揺さぶるのを警戒するからだ。同床異夢ならぬ、同じ枕木の上を走るにも進行方向は違うという具合だ。

実際、悲願の定期運行を実現するまでには多くの難題が立ちふさがっている。韓国は北朝鮮側部分も含めて両線の連結工事に、すでに約五四五四億ウォン（約五四五億円）も出した。北朝鮮内の線路は老朽化しているため平均時速は二五～四〇キロで、線路の改良だけで三兆ウォンもかかるという。

京義線は、日本が韓国併合（一九一〇年）前に敷設権を獲得して一九〇六年に開通。侵略政策の下、軍需物資や石炭、食糧などを大陸へ運ぶ全長四八六キロの大動脈だった。四五年の日本敗戦後、運行を中止。朝鮮戦争で線路は破壊され、休戦ラインをはさんで途切れた。

時は流れて、〇一年の韓ロ首脳会談では韓国側からの鉄道とシベリア鉄道との連結構想で協力を確認した。将来、鉄道、道路とも欧州までつながれば貨物輸送の時間、経費とも削減できる。韓国の試算では輸送費が海路より三分の一に減る。北朝鮮には貨物通過料も入る。南北とも経済効果は実に大きいのだ。

✣夢の鉄路をミニ体験

統一列車の夢をミニ体験できるのが汶山駅の先、都羅山駅《トラサン》だ。市民が行ける京義線最北端の駅で、朝鮮半島で最大の変化を体感できるスポットの一つだ。二〇〇〇年の南北首脳会談後、ソウル発の列車は汶山から臨津江の鉄橋「自由の橋」を渡り、ついにここまで延びた。一日三往復の人気路線だ。板門店バスツアーでも都羅山駅に立ち寄ることができる。

2000年９月、都羅山駅での京義線南北連結起工式に出席した金大中大統領と李姫鎬夫人が残したサイン。

ガラス張りの明るい駅舎に韓米最高首脳のサイン入り「お宝」、コンクリート製枕木が展示されている。

二〇〇〇年九月一八日、京義線の南北連結起工式に参加した金大中《キムデジュン》大統領は李姫鎬《イヒホ》夫人とともに「平和と繁栄の韓半島であれかし」と記した。

二〇〇二年二月二〇日に板門店を訪れたブッシュ米大統領は「この鉄道がコリアの家族を一つに結びつけますように」と書いた。

そこから見上げる駅舎の内壁に、釜山からつながる京義線が新義州を経て、ウラジオストクまたは北京からモスクワ、そしてパリへとつながる「ユーラシア横断鉄道」地図がある。二一世紀、「南北統一列車」が「鉄のシルクロード」を走る夢の世界地図がまぶしい。

八五年夏、平壌取材の後、北京まで国際列車に乗った。当時は北朝鮮が限定的ながら開放に踏み出していた。若い女性乗務員ははにかみながら「外国に行ってみたい」と話した。広軌の車内はゆったりとして、窓外に田畑が広がる北朝鮮はいまよりも豊かだった。国境の新義州から鴨緑《アムノッ》江《カン》を越え、深夜にシベリア鉄道に向かう車両を切り離したあと、早朝北京に着いた。コンパートメントの寝台車で同室だった香港企業家の息子は「北朝鮮も早く開放を」と声高に語った。刺激的な一〇数時間の旅だった。

朝鮮戦争で途切れた線路復旧の枕木を寄贈する運動は韓国だけでなく、在日韓国・朝鮮人社会にも広がった。起工式までに全部で一キロ分、一六〇〇本ものコンクリート枕木が寄せられた。それには、さまざまなメッセージが書かれている。

「行きたい故郷」「オモニ、アボジ（お母さん、お父さん）長生きして」「本当の統一は心の統一」……。日本語で「早く平和が来ますよう」との言葉も。

都羅山駅には「平壌方面」と記された改札があり、ホームには「平壌へ二〇五キロ、ソウルへ五六キロ」の駅名表示があった。試運転のあと同一二月から開城工業団地への定期貨物輸送列車が運行を始めた。平日の毎日一往復。原料や資材を搬入し、工団の生産品を韓国へ運ぶためだ。しかし、平壌行き列車はいつ走るのだろうか。

他方、鉄道に並行する南北道路の連結は開通ずみ。韓国企業の勤労者が開城工業団地に通勤している。こちらは国連アジア太平洋経済社会委員会（ＥＳＣＡＰ）が推進するアジアハイウェー構想の起点区間となる重要ルートでもある。

駅から坂を登ると、「都羅展望台」だ。迷彩をほどこしたコンクリート建物の二階バルコニーから板門店や開城方面が眺められる。ツアーガイドの集合の合図をよそに北朝鮮領を双眼鏡でにらんでいたら、ひょいと一人の農民の姿が飛び込んできた。やっとつながった、ような気がした。

Ⅱ

望郷の河

臨《イム》津《ジン》江《ガン》

烏頭山統一展望台から北側を見る韓国人たち。左上は北朝鮮の開城市の方角。

1　血肉呼ぶ望拝壇《マンベエダン》

日本で七〇年代にヒットしたフォークソングに「イムジン河」がある。人気グループのザ・フォーク・クルセダーズがうたった。冷戦まっただ中の時代、歌詞が北朝鮮寄りだという韓国側の抗議でレコード発売が禁じられたが、分断の深い悲しみを歌い上げた名曲だったと思う。最近、映画「パッチギ！」（井筒和幸監督）で在日韓国・朝鮮人の悲しみを表す歌としてうたわれ、リバイバルした形だ。

イムジン河　水清く　とうとうと流れ行き
水鳥　自由に群がり飛び交うよ
ふるさと　南の地　想いははるか
イムジンの流れよ　伝えておくれ
（作詞パク・セヨン、作曲コ・ジョンファン）

都羅山駅のホームに立つ表示「開城←――→臨津江」

鳥たちと違って離散家族は越したくても越せない恨みの河、それが臨津江《イムジンガン》なのだ。

板門店は冷戦後の南北対話ムードのお陰で、韓国人も申請すればたいてい訪問できるようになったが、「恨み」は解けたのだろうか。

✣北をのぞんで慟哭

臨津江を見下ろす臨津閣《イムジンガク》へはゆっくりと汽車での小旅行をおすすめしたい。南北分断と統一の展望、そして隣り合う民族同士の来し方行く末を考えるのには時間が何よりの栄養剤だから。

秋夕《チュソク》（中秋）の日の朝、都羅山駅に向かう韓国国鉄（KNR）の気動車に乗りソウル駅発。その名も「統一号《トンイルホ》」である。この日は多くの離散家族が臨津閣の望拝壇《マンベエダン》前で北の先祖や肉親たちに呼びかけ、祭祀をとりおこなう特別の日だ。ところが汽車は意外とがらがら。きっと、みな早朝に出発したのだろう。

同行したのは在日二世の辛昌錫《シンチャンソク》さん。私よりひと回り上の午年《うま》で〇七年に喜寿を迎えた。両親と弟妹の計六人は一九六三年から翌年にかけて新潟から帰国船で祖国へ。長男の本人だけが日本に残った。とくに母親の帰国土産はなんと貨車三両分の物資だった。家族は咸鏡南道《ハムギョンナムド》元山《ウォンサン》近郊の高原《コウォン》市で、母親がもたらした機資材で製紙工場を営んだが、母親は一九七五年、父親も八二年に亡くなった。弟妹たちも厳しい生活状況の下で力尽き、二番目の弟だけから消息が届くという。(その次弟も〇七年「五月に逝去した」と知らせる甥の手紙がやっと一〇月に来た。「一日一人当たり五〇グラムの豆を食べる事業が全国で展開されている」との近況とともに。)

辛さんは東京生まれで秋田県育ち、北海道大学農学部卒。朝鮮戦争で廃墟となった北朝鮮の復興に奔走。その後は観光会社に勤務したり、東京・新宿の職安通りで不動産業を営んだりして生き抜いてきた。

辛さんには、すぐれた才能を持ちながら日本社会の差別ゆえに就職もままならず北朝鮮に帰った後、生死不明となっている知人が少なくない。辛さんは「祖国」への屈折した思いを抱きながらも、北朝鮮の自立を手助けするため、一九年間、平壌の人民大学習堂《インミンデハクスプタン》(国立図書館)に科学書を贈る「一冊の会」をつづけた。しかし二〇〇〇年八月、来日して継続を懇願する同堂総長にこういって会を解散した。「戦闘機が一機足りなくて滅びた国はないが、本のない国は滅びます。これ

帰国事業で日本から祖国に帰り、北で亡くなった両親を偲んで望拝壇にぬかずく辛昌錫さん。

からは国家でやってください」。

一時間余りの鈍行の旅。臨津江駅で下車。ここから歩いて一〇分足らずで臨津閣だ。裏手の「統一公園《トンイルコンウォン》」には八三年、ビルマ（現ミャンマー）のラングーン（ヤンゴン）を訪問した全斗煥大統領一行を狙って北朝鮮が仕掛けたと見られる爆弾テロの犠牲者一七人の慰霊塔が立つ。一方、公園横には北を向いて機関車と客車が鎮座し、「鉄馬（汽車）は走りたい」の熱い碑文も。

辛さんとともに望拝壇前へ。ここには一九九〇年に分断史上初めて南北首相会談が開かれ、対話機運が盛り上がった時、北の同胞へ届けるという郵便ポストが北朝鮮各道ごとに設置された。御影石の「望拝壇」の背後には各道の有名な伝承などを彫った同じ御影石づくりの屏風がある。この日は特に、碑の前に大きな祭壇をし

秋夕行事で望拝壇前の広場に集まった離散家族たち。写真上方には、朝鮮戦争で破壊されたままの京義線鉄橋の橋脚が見える。その左は「自由の橋」。

つらえ、供物が捧げられていた。

辛さんは緊張した面持ちで壇上に上がり、碑の前で父祖に民族伝統の礼をささげた。両親の墓は高原市にある。「遠からず実現するであろう祖国統一のその日、わが足でこの線を越え墳墓を訪ねん。その日までを安らけくあれかし」。こう語りかけながら、深く深く祈った。

ソウルから携えてきた「百歳酒《ペクセジュ》」の栓を抜き、辛さんは静かに祭壇にふりかけた。

臨津閣二階のレストランで昼食。晴れ晴れとした顔になった辛さんがさきほど残した百歳酒を杯に満たしてくれた。日本語で「献杯」と声に出して酌み交わした。

ここからは臨津江にかかる鉄橋、その手前の支流にかかる木橋の元祖「自由の橋」が一望できる。朝鮮戦争で破壊された旧京義線鉄橋のコンクリート橋脚が痛ましい。汽笛を鳴らして都羅山駅からソウル駅に向かう汽車が臨津閣の真横を通過した。

望拝壇前の広場ではちょうど、秋夕恒例の「在以北父祖合同敬慕大会」が統一敬慕会の主催で開かれていた。広場を埋めた離散家族の人びとの血肉再会の悲願は届くのだろうか。それにしても――すべての離散家族の再会は統一のその日まで待たなければならないという現実に胸がふさがる。

✣おお自由の橋よ

木組みの「自由の橋」を渡る。この橋は朝鮮戦争が休戦となると同時に南北の捕虜交換のために急造された。当時、一万人以上の捕虜たちが「自由万歳」と叫んで北から南へ渡ってきたことから、橋の名前がついたという。

名誉ある橋の名称はその後、臨津江本流にかけられた鉄橋に譲られる。冷戦期、板門店への架け橋となった鉄橋は、韓国と米軍はじめ在韓国連軍の軍人たち、米国大統領を含む内外の政治家、ジャーナリストたちを数え切れないほど運んだ。

半世紀を超えた木橋は相当傷んでいるが、それだからこそ、この橋が見てきた悲劇の年輪を感じることもできる。

南北首脳会談が実現した二〇〇〇年の一月一日、廃橋だった元祖「自由の橋」が「統一への架け橋」の期待を担うかのように、「復活」した。私も初めて「自由の橋」の感触を足で確かめてみた。検問所のある鉄橋と直角に交わる鉄条網にさまざまな思いを記した横断幕や紙が吊るされていた。「統一された祖国を夢見て（水原・働く女性の会）」などなど。太極旗が風になびいている。

橋の下には朝鮮半島をかたどった池があり、傍らで北に向かって礼拝する家族たちの姿があった。自由の橋は、断ち切られた家族との絆を取り戻したい人々の悲願の象徴でもある。

橋のたもとに「望郷」碑がある。「半世紀、沈黙の中で恨積もる臨津江よ／神の手も避けた傷跡を刻んで／血塗られた謀反の地に／円い太陽を浮かべよ」。この地の恨が昇華されるよう祈るばかりだ。

売店でまたとない記念品を求めた。撤去された鉄条網の錆びた切断片だ。プラスチックのケースに収まった長さ一八センチの凶暴な棘。「ベルリンの壁」破片の朝鮮版である。一五万余個を限定販売。製造番号が打ってあり、「世界唯一のものであることを保証します」と記されている。

✣「平和の石」の声を聴く

売店からわずか数メートル先にガラス張りのケースに納められた「平和の石」が四曲の屏風状にどっしりと立っている。自由の橋の復活と同じ日に世界六四カ国から八六個の石を集めて記念

世界64カ国から集められた「平和の石」をはめ込んだ“パネル”

碑にしたものだ。太平洋戦争（一九四三年、タイ・メコン川）、ノルマンディー作戦のフランス（一九四四年）、広島（一九四五年）、ベトナム戦争のハノイ（一九五五年）、ぐんと遡って十字軍戦争のキプロス（一一九一年）……。世界の戦乱の地からやってきたさまざまな形の石たちが人間の愚かさを叫んでいるのだ。休戦であっても戦争終結ではないこの地だから、石たちのメッセージは胸に刺さる。高名な作家、李文烈《イムンヨル》が寄せた言葉が刻まれている。「隣人、民族、国同士が兄弟となり、互いに抱きしめる世の中になりますように」。

この碑を当時、京畿道文化政策課長として企画、建立に努めた李《イ》翰奎《ハンギュ》さんは「二一世紀に再び戦争が起きないよう、古代から現代にいたる戦場の石を関係国の在ソウル大使館を通じて収集しました」と語る。

近くには「平和の鐘」がある。重さ二一トンの鐘の音は北まで届くという。耳を澄ますと、臨津江をわたる風のかすかな音だけが聞こえ、静寂そのものの世界。南北反目の騒音がやまなかった冷戦時代の日々が嘘のようだ。

コラム 一千万南北離散家族

朝鮮戦争の混乱などで南と北に生き別れた肉親たちは約一〇〇〇万人といわれるが、韓国統一省の推定では、九九年現在で第三世代までを含めて韓国に六七六万人、北朝鮮に三〇〇万人とされる。

民族の悲願とされる離散家族の再会は八五年に南北赤十字の合意で初めて実現、南北各五〇人の故郷訪問団が芸術公演団と共に板門店を越え、ソウルと平壌を相互訪問した。当時は肉親同士の再会場面でも自分の側の体制の優越性を競う機運が強かった。その後、南北協議が途絶えるなか、民間団体の斡旋で再会するケースもふえた。

二〇〇〇年の南北首脳会談で離散家族再会が共同宣言に明記され、同八月一五日、一五年ぶりに再開。南北各一〇〇人が初めて航空機でソウルと平壌を往来した。〇六年六月まで計一四回開催し、毎回八〇〇〜一七〇〇人前後の離散家族が肉親との対面を果たした。

○一年二月には朝鮮戦争で北に渡ったまま行方不明だった元韓国軍兵士二人も、平壌に来た家族と対面した。韓国ではこれらの兵士を「国軍捕虜」と呼び、「広義の離散家族」として位置づけて再会対象者に加える努力をしている。だが、北朝鮮側は自分の意志で北に来たとしており、かみ合わない。

○六年六月には、日本から北朝鮮に拉致された横田めぐみさんの夫とされる金英男《キムヨンナム》氏が韓国に住む母親の崔桂月《チェゲウォル》さんたちと平壌で再会した。

○一年三月から書簡交換も実現し、これまでに六七九件にのぼる。画像の活用も含む安否確認は南北計四万人を超えた。

再会事業は、北朝鮮が○六年のミサイル発射や核実験による対北制裁に反発して中止するなど、曲折をたどってきた。

今後は再会の定例化や面会所の運営などが課題だが、北朝鮮は「自由の風」が入って体制が脅かされるのを警戒し、規模拡大には慎重である。

2　烏頭山《オドゥサン》統一展望台

臨津江。晴れた日には北の人たちの姿を見ることができる。

✣ソウルに最も近い展望台

ソウルから自由路を走って四〇分余り、首都に最も近い統一展望台だ。

九二年九月オープン。南から流れる漢江《ハンガン》と北朝鮮からの臨津江が合流して一四キロ先の黄海（西海）に注ぐ。そのカーブ地点に立つ展望台の眼下の川幅は約三・二キロだが、やや上流はぐんと狭まり約四六〇メートルしかない。軍事地帯でなければ、ボートでひと漕ぎと思わせるほどの距離だ。

屋上の双眼鏡で北を凝視する。眼前に開城市開豊《ケプン》郡のアパート団地がある。以前は「宣伝村」といわれ、「通勤農民」が昼だけ耕作し、夜は無人だったが、いまは約三〇〇〇人が暮らすという。金日成史跡館や人民学校（小学校）もある。すこし曇った日でも、運がよければ備え付けの大型双眼鏡で北側の人々が農作業をしたり、道路を歩いたりしている姿を自分の目で確かめられる。いや、手を伸ばせば届くような気さえする。「北朝鮮は近くて近い国だ」と実感できる貴重な観測スポットである。

立て看板が見える。対岸は対南宣伝基地の役割もしてきた。冷戦時代は対南非難放送が激しかったが、二〇〇〇年南北首脳会談以後は変化し、「同族で争うのは反対」というメッセージや六者協議関係のニュースが聞こえるという。一方、韓国側からは軽音楽などを流している。

ガラス張りの三、四階の展望室。模型とガイドの説明で南北分断状況が手短にわかる。

✣北の生活に触れる

展望台の一階は北朝鮮生活の体験コーナーだ。小学校らしい教室には金日成、金正日父子の肖像が掲げられ、教科書や筆記用具も展示されている。韓国人アジュマ（おばさん）のグループが来て、なんとサングラスをかけた一人が教壇に立って授業ごっこだ。遊び心で見学していた。韓国では九二年以降、民主化が進むなかで北朝鮮に関する教育は反共一辺倒から脱皮し、とくに二〇〇〇年の南北首脳会談以後は平和を重視した「民族共同体教育」へと大きく変わった。そうした変化が、女性たちのくだけた態度にも表れているようだ。

北朝鮮の教科書は主体《チュチェ》思想を教える内容だが、紙質の悪さに北朝鮮経済の厳しさを感じ取ることができる。

平壌のアパート（日本でいえばマンション）生活の一端をのぞく展示がある。北朝鮮で実際に見て回った取材経験からいっても、モデル都市・平壌の暮らしは全国の平均を相当上回る。もっと下層の惨めな現実を見せないのは、なぜか。ドイツが東西統一で経済レベルの低下を招いたことから、南北統一に消極的になった韓国民の心理を刺激しないため？　どのみち、国民はとうに北の同胞の惨状を知っているから？　一万人を超す脱北者を受け入れた韓国の複雑な感情がこの展示に透けて見えるようだ。

北朝鮮のＩＴ（情報通信技術）の実態や金剛山観光のルート、また対北支援物資の出入港や南北間飛行ルートの表示など、最近の変化がわかる展示もある。タッチパネルで北朝鮮情報にアクセスもできる。割合、公平な展示内容と見た。

地下に北朝鮮農産品、酒や美術工芸品の売場がある。開城工業団地で韓国企業が生産した製品も売っている。

亡命者による「故郷の味」レストランの名物はやはり平壌冷麺《ネンミョン》だ。

展望台前の広場に日本統治時代の独立運動家、曺晩植《チョマンシク》の銅像が立つ。明治大学出身で、解放後は最も人望を集めた政治指導者だが、米ソによる朝鮮信託統治案に反対して軟禁状態に置かれた。朝鮮戦争で殺害されたといわれ、波乱の生涯だった。

「祖国は一つ」と叫ぶように右手の人差し指を天に突き出している志士の前で、韓国人団体客が屈託のない顔で記念写真におさまっていた。

コラム　脱北者

北朝鮮からの脱出者（脱北者）は、九五年の水害で食糧難が深刻化したのをきっかけに、国境の川を越えて中国側に食糧を求めて来るようになった。とくに九七～九九年には朝鮮族の多く住む中国吉林省に血縁を頼りに殺到するなど、越境ラッシュの状態になった。

中国政府は当初、食糧問題で国境地帯が不安定になるのを防ぐため、脱北者の処遇には柔軟な対応をしたが、北朝鮮当局の要請もあって次第に取り締まりを強化した。

北朝鮮では食糧事情が悪化をたどるなかで、韓国ＮＧＯなどの推定では九五～九八年に三〇〇万人以上の餓死者が出たとの見方もある。

脱北者の多くは韓国入国を希望し、二〇〇〇年には三〇〇人ほどだったのが〇六年に年間二〇〇〇人を超え、ついに〇七年二月に累計一万人を突破した。

韓国政府は九九年、ソウル近郊に脱北者の定着支援施設「ハナ院《ウォン》」（ハナは「一つ」の意）をつくり、韓国の生活様式に慣れ、外来語を習得するなどの研修や職業訓練を実施、単身者の場合は一〇〇〇万ウォンとされる基本金を含めて「定着金」も支給してきた。だが、韓国社会では脱北者に対する差別が根強いため就職はむずかしく、失業率は二割前後と韓国の平均（三％台）に比べて大きな落差がある。

国連難民高等弁務官事務所（ＵＮＨＣＲ）は、中国からタイやロシアなど第三国に出た脱北者のほぼ全員を難民と認定している。

しかし、中国は朝鮮戦争以来の中朝同盟関係を重視し、脱北者を北朝鮮に強制送還する措置をとっている。とくに〇六年の北朝鮮の核実験後、対北朝鮮国際支援の減少で脱北者がふえると見て中朝国境の警備を強めた。脱北者のなかには中朝国境沿いで援助を得たあと、再び北朝鮮に戻る人たちも少なくないが、中国には一〇数万人が潜んでいるともいわれる。

近年、北朝鮮からの脱出ルートは中国のほか、東南アジアやモンゴルまで広がっている。米国で〇六年に「北朝鮮人権法」ができたことから、米国をめざす脱北者も出てきた。〇二年、瀋陽の日本総領事館に駆け込もうとした五人が中国側に拘束された（のち韓国に出国）事件があり、〇三年以降も北京の日本人学校や日本大使館に保護を求めたり、駆け込むケースが続いた。

日本に対しては〇七年六月に北朝鮮・清津《チョンジン》から元漁師の家族四人が船で日本海を渡り、青森県深浦港に入った。「生活苦から亡命しようとした」という。日本政府が〇六年に拉致問題の解決や脱北者保護のために「北朝鮮人権侵害対処法」を施行してから初めて直接、日本海を渡って来た脱北者となった。この家族は結局、韓国に出国した。

一方、五九〜八四年の北朝鮮帰国事業で北朝鮮に渡った日本人を含む一三〇人が〇七年六月までに中国経由などで日本に来た（朝日新聞〇七年六月九日付朝刊）。〇二年には、脱北した元在日朝鮮人や日本人配偶者ら数十人に対して外務省が内密に渡航書を発給して帰国を受け入れていたことがわかった（同〇二年一一月九日夕刊）。

Ⅲ

民族和解の聖地

金《クム》剛《ガン》山《サン》

金正日総書記を「光明星」と称える故金日成主席の遺墨を刻んだ巨岩。

1　夢を後押し陸路観光

❖"幻の聖地"から"現実の聖地"へ

七〇年代にソウルへ語学留学して真っ先に教わったことわざは、「金剛山《クムガンサン》も食後の眺め」。日本流なら「花より団子」だ。「命のあるとき金剛山を見よ」という言葉もある。こちらは「日光を見ずして結構というな」。あるいは、ずばり「ナポリを見て死ね」だ。平壌出身の先生は、世界的な名勝に託してあれこれお国自慢をしたものだ。

中国・宋の詩人、蘇東坡《そとうば》も「願生高麗国　一見金剛山（願わくば高麗国に生まれ、金剛山をひと目見たいものだ）」と詠んだ。デンマークのグスタフ・アドルフ国王（一八八二―一九七三）は新婚旅行で訪れ、「神様が天地創造した六日間で最後の一日は金剛山をつくることだけで過ごした」と賛嘆したといわれる。

それだけに、金剛山は民族の魂の尊いよりどころでもある。

しかし、冷戦真っただ中の留学生には、休戦ラインの彼方の金剛山は宇宙の果てに浮かぶ「幻の霊峰」のようだった。それがいまや金剛山観光の実現で「南北和解の聖地」へと変身しつつある。

韓国からの観光は、はじめは釜山または東海《トンヘ》市から客船で往復した。私は日本人ツアーにも開放された二〇〇〇年一〇月、釜山から海路で訪れた。二〇〇三年、ソウルからの陸路観光が実現。統一への夢をもかきたてる聖地はさらに近くなった。金剛山が陸路観光でどう変わったのか。〇五年九月、二泊三日の旅にわくわくしながら出かけた。

ソウルからバスで約五時間、非武装地帯に近い日本海（東海）に面したコンドミニアム前が第一関門だ。現代グループの女性ガイドからＩＤカード（顔写真付き観光客証明書）を受け取る。携帯電話、ラジオは持ち込み禁止。大型望遠レンズもダメ。双眼鏡は倍率一〇倍以下ならＯＫだ。

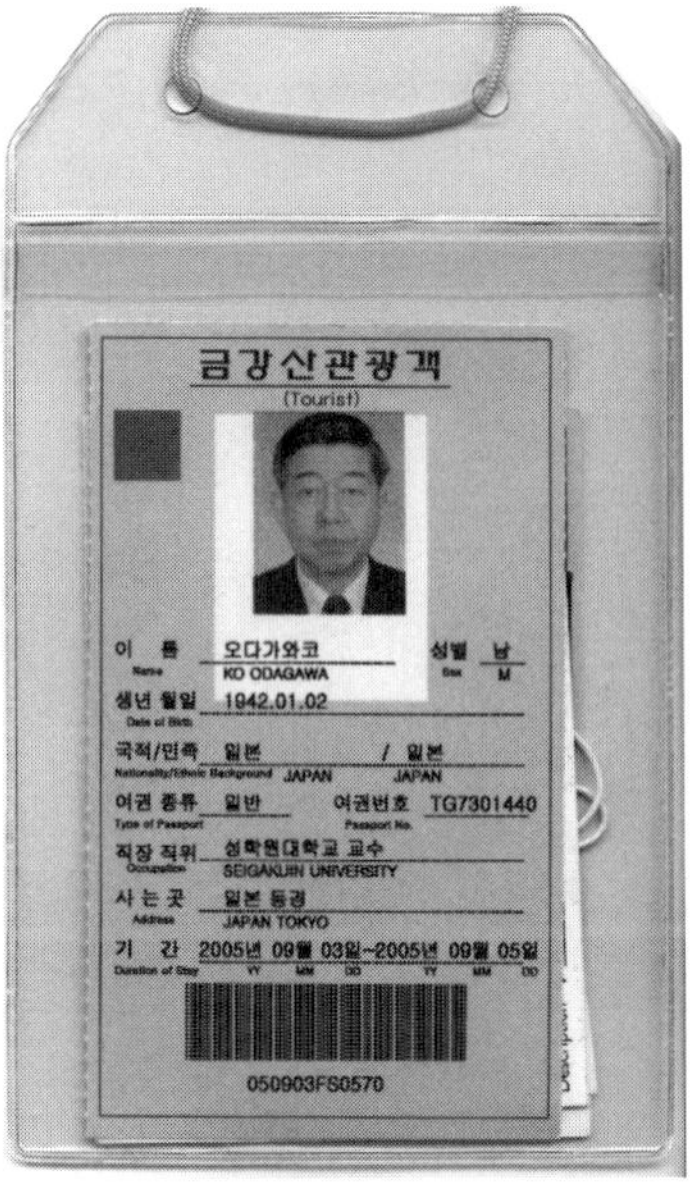

金剛山観光には携帯を義務づけられるＩＤカード

北上する道路わきに「危険　地雷地帯」の大看板。ギョッとする。砂浜沿いに高さ三メートル余りのスパイ侵入防止用の鉄条網がつづく。

✣緊張感薄いライン越え

「高城《コソン》統一《トンイル》展望台《チョンマンデ》」下の韓国側出入事務所で査証を受ける。旅券には「大韓民国入管、出国」

韓国最北端の高城統一展望台から海金剛を望む。左手に伸びている道路が、陸路の金剛山観光ルート。

「高城↑↓金剛山」と楕円形の青色スタンプが押されていた。特区を「特殊国家」とみなしての出入国管理なのだろう。（戻ったときは「大韓民国入管、入国」「高城↑↓金剛山」の四角い赤色スタンプが押された。）

　いよいよ北の地へ。この日のバスは計一七台、約五〇〇人の大規模団体ツアーだ。私のバスには日本人の女子留学生二人も同乗していた。

　高速道路なみの観光路を北上。女性ガイドが「軍事地域を走るので撮影禁止です」と注意する一方、「みなさんは観光だけでなく、北に対する外交官と考えて行動してください」と呼びかけた。その上で、北の案内員らと話すとき、「金日成主席、金正日国防委員長」などと正式な肩書きをつけるよう注意される。かつて韓国人観光客が北朝鮮を侮辱するような行為に出てトラブルになった前例から、神経をとがらせているのだ。

「ここから非武装地帯です」。バスは「高圧危険」の表示がある電信柱を通過。「軍事分界線」の標識を越えた。さほど緊張感はないが、海岸沿いに進む窓外は低木と雑草の荒れ地で、黒い雲が流れているせいか、ちょっと不気味だ。

「同胞、兄弟のみなさん、お会いできてうれしいです（パンガプスムニダ）」。韓国でもおなじみになった、スピーカーから流れる明るい歌声に迎えられて、北朝鮮側出入事務所に。

入域審査を担当する女性兵士は三〇代後半か、軍服の胸には金日成バッジ。が、軍帽は脱いで審査台の上に置いたまま。薄化粧にヘアーバンド、腕にはゴールドのブレスレットと〝西側文化〟が濃厚だ。五年前は出入事務所全体がピリピリしていたが、今回ははっきりと緊張緩和の空気を感じる。

バスは学校やトウモロコシ畑のある集落を過ぎる。向こうは金網一つ隔てた別世界だ。道路わきで軍人が直立不動で見送る。警戒と交通安全を兼ねているらしい。

ソウルを出発してから八時間余り、やっと終点の温井里《オンジョンニ》に到着した。

宿所は、労働党幹部専用だった「金剛山旅館」をオーバーホールした一二階建ての「金剛山観光ホテル」だ。あてがわれたのはスイートルームで、これにはびっくり。ひょっとして金日成・金正日父子の専用ルームだったかもと思うが、同行の留学生も同じような部屋だという。どうやら日本人観光客の誘致PRもねらってのサービスらしい。一一階だけに水の出がやや細いことを除けば、上々だ。

夕食前に北朝鮮ご自慢のサーカスをドーム屋根の金剛山文化会館で見学。「平壌《ピョンヤン》牡丹峰《モランボン》巧芸団《キョイエダン》」で、団員は「文化芸術家」と呼ばれるエリートだ。ロシアのボリショイ・サーカスほどではないが、水準が高いことで知られている。館内に緊張感はない。〝西側の風〟を受けつづけてきたせいか。

ボールを使う芸では客席からテニスボールを投げ、団員が舞台上でキャッチ、拍手がどっと起こる。観客との一体感を心がけていることがわかる。杯《さかづき》を乗せた棒をくわえての空中ブランコは圧巻だ。

器械体操の団員が、鉄棒から吊るした朝鮮半島の地図上にハングルで「ハナ（＝一つ）」と大書した紙を〝開花〟させると、大きな拍手。フィナーレは約五〇人の男女団員が「パンガプスムニダ」の歌に合わせて舞台から手を振る。韓国人客たちもこれに応えて、「統一への熱気」がぐんと高まった。

この会館横に、前回はなかった「ファミリーマート　金剛一号店」が開店していたのには驚いた。開放はここまで来たか。日韓のコンビニと品揃えは変わらないが、原則としてドルしか通用しない。ミネラルウォーターの小ボトル二本で一ドルだった。

韓国人観光客でにぎわうファミリーマート金剛１号店

観光レストランでビュッフェ式の夕食。食券売り場であらかじめ一〇ドル券を買う。金剛山ではすべてドル払いだ。現代峨山《ヒョンデアサン》の農場で生産した無農薬野菜のサラダは新鮮だ。

✣心洗う翡翠色の清流

翌朝八時前、いよいよ金剛山登山へ出発だ。

観光コースは三つある。

Ａ．万物相《マンムルサン》コース。断崖絶壁と奇岩、滝や沼が見もの。往復三二キロ（徒歩部分は四キロ）。四時間

Ｂ．九竜淵《クーリョンヨン》コース。渓谷美で金剛山第一の景勝。往復二三キロ（徒歩七キロ）。四時間

Ｃ．海金剛《ヘエクムガン》コース。岩場の海岸にある巨岩と伝説の湖、三日浦《サミルポ》。往復三六キロ（徒歩五キロ）。三時間半

迷ったが、初日は海路観光で歩いたＢコースの

登山コースを説明する北朝鮮の女性ガイド

変化を確かめたくて九竜淵へ向かう。バスの車窓から時折、「ウリ（我々）式で行こう」「二一世紀の太陽　金正日将軍万歳」などの立て看板が見える。ここは北朝鮮領であることを改めて知らされる。

途中、注目したのは統一新羅時代からの古刹《こさつ》・神《シン》渓《ゲエ》寺《サ》の復元工事が進んでいたことだ。豊臣秀吉の侵略（文禄・慶長の役）で救国に立ち上がった名僧が僧兵たちを指揮した所で、金剛山の四大寺院の一つ。だが、解放後は博物館に変わり、それも朝鮮戦争で焼失した。

社会主義体制を掲げる北朝鮮でも、金日成の別荘がある妙香山《ミョヒャンサン》の普賢寺《ポヒョンサ》は有名。観光のためでもいい、名刹《めいさつ》の復活は南北和解の触媒になるだろう。赤松の林に響くツチ音が心をなごませた。

ガイドが「山中ではタバコやタン、もちろん小用もダメですよ」とクギを刺す。トイレは所々に一ドルの有料便所がある。

登山路入り口で、二〇代そこそこで清楚な感じの北の女性案内員がコース説明。撮ってはダメ、というが、だれもがカメラを向けてパチリ。

清流を渡ると、「木蘭館《モンナングァン》」。春には、金日成が愛でて北朝鮮の国花ともされる木蘭（木蓮）が咲き乱れるレストラン兼休憩所だ。白い円形建築の前にバーベキュー屋台がならぶ。前回はなかったので、これにもびっくり。白い上っ張りのスタッフが客を呼び込んでいる。客のニーズにこたえる市場原理の浸透である。

いよいよ神秘的な雰囲気が漂う山中へ。清流に突き出す畳敷きのような「仰止台《アンジテエ》」で小憩。女性案内員とおしゃべり。

案内員「先生は、（当時の首相）小泉支持か。だれが次の大統領（首相）か」

私「小泉首相は後継者がいないので人気を保っている」

――案内員はうなずいた。

登山路の左側に小さな流れがある。野生の朝鮮人参と鹿茸が溶け合った水といわれる「参鹿水《サムノクス》」だ。飲んだら一〇年若返るから、登り下りで欲張って飲むと母親のお腹に戻ってしまうという冗談話が残されているとか。前回、口に含んでみたら、たしかに甘露の味がしたように思う。今回は――残念ながら水はやや濁っていた。季節のせいなのか、観光客が殺到して異変が起きたのか。

金剛山観光開発で心配なのは自然破壊だ。タバコはもちろん、つばを吐くことも禁止で、違反したら罰金も覚悟しなければならない。しかし、前回は九竜淵コースの道沿いでコケが無残に剥げ落ちていた。

山道はこの数年間ですっかり舗装された。大規模観光に備えて全天候の堅固な観光路にしたわけだ。こうなると前回、未舗装だった土の感触が懐かしいが、自然保護のためにはやむをえまい。

小洞窟のような「金剛門《クムガンムン》」を抜けると、青空と峰々がいっそう近づく。別天地の感だ。みやげ物屋台が一軒。扇子や木工品、飲み物などを売るアジュマ（おばさん）は「あんたらがラスト？　じゃ、きょうは店仕舞い。下山のときはだれも買わないから」。効率優先主義の浸透だ。リンゴ一個を買う。これも一ドルなり。

急斜面をしばらく登ると「玉流洞《オンニュドン》」の渓谷だ。高さ約五〇メートルの滝がごうごうと音をたててウォータ―シュートのように岩上を滑り落ちていく。

やや登ると、谷あいに「連珠潭《ヨンジュダム》」が見下ろせる。翡翠色の珠のように大小二つの淵が並ぶ。さらに登れば、眼前に高さ一三九メートルもの「飛鳳瀑布《ピボンポッポ》」が落下する。

このあたり、エメラルドグリーンの清流が白い岩肌を滑降し、見とれて心が洗われるようだ。滝を眺めるのに絶好の舞台状の岩がある。ひと休みしていると、女性案内員が飴をくれた。おかげで疲れが少し取れ、北朝鮮がちょっぴり身近になったような気がした。

さあ、やっと「九竜瀑布《クーリョンポッポ》」に着いた。朝鮮半島三大瀑布の一つだ。高さ七四メートル、幅四メートルの滝が轟音とともに「九竜淵」に落下する。金剛山を守る九頭の竜が深さ一三メートルの滝壷に棲んでいたという伝説からついた名前というが、とにかく豪快かつ爽快だ。

滝の真正面に「九竜閣《クーリョンガク》（観瀑亭《クァンポクチョン》）」がある。ここは一九四七年、金日成父子が一緒に訪れた。金日成は都合三回、金正日は二回来たとの記録が掲示されている。

滝の岩壁に「彌勒佛《みろくぶつ》」の文字が刻まれている。高さ一九メートル、幅三・六メートルもあり、朝鮮半島最大の岩刻文字といわれる。植民地時代の一九二〇年、金奎鎮《キムギュジン》という人がロープを使って岩壁にぶらさがって彫り、字のなかで休憩する映像資料が残っているという。

金剛山では岩刻文字が目立つ。朝鮮王朝時代の文人らの名を刻んだ花こう岩もあり、風雪に耐えた文字は趣がある。朝鮮文化の一ジャンルともいえようか。

他方、九竜淵の手前には一九九二年、五〇歳を迎えた金正日を金日成が「光明星《クァンミョンソン》」にたとえて称賛する漢詩と、同じ意味のハングルが刻まれている（この章のとびら写真）。

白頭山頂正日峰／小白水河碧渓流／光明星誕五十週……

縦八メートル、横一六メートルもあり、彌勒佛もかすむほど。ほかにも「チュチェ（主体）万歳」などのスローガンが目につく。

これらはいずれも政治がらみで生臭く、金剛山の自然に溶け込んでいない。高度成長をとげた韓国人には馬耳東風、自然破壊だと批判する人も少なくない。が、これで北はメンツを保つ。これも南北独特のつき合い方かもしれない。

さて、九竜淵からさらに七〇〇メートルほど登ると、「九竜台《クーリョンテ》」だ。一四カ所もの鉄の階段を昇る難所だ。ここから深い渓谷を見下ろすと、いくつかの沼が見え、そのうちの八つの大きな沼を「上八潭《サンパルダム》」と呼ぶ。とにかく奇岩、秀峰のパノラマを一望できる絶景らしい。らしい、というのは二回とも頂上まで到達できなかったから。とくに今回は道々、取材に精を出して時間切れになったのは残念。

✣案内員との会話

男女ペアの案内員は自然監視員でもあり、大学出のインテリぞろいだ。日本の政治、経済、社会状況についても結構知識があり、質問も概して的を射ている。

前回二〇〇〇年一〇月には案内員との会話は容易でなかった。それでもグループから離れた所で、男性案内員から「日本の景気はどうか」と聞かれた。その夏、日朝国交正常化交渉があり、日朝、米朝、南北関係が同時並行で進み始めるなか、案内員は日朝国交が正常化されれば日本から「賠償金」がどのぐらい入るか、大いに気になったのだろう。

今回は、予想以上に会話ができた。とくに複数の案内員から「六者協議はどうなるか」と問われた。彼らの意見は北朝鮮当局と同じではあるが、真剣なまなざしが印象的だった。
一緒に下山した尹《ユン》さんは元山《ウォンサン》の大学出身で、金剛山勤務六年のベテラン。
尹「わが国は非核化を提案している。しかし、他の国が核を捨てないから、国防力を持たないと国がダメになる」
私「日朝間では朝鮮通信使が友好を築いた。だが、明治維新以降おかしくなり、植民地支配に至った」
尹「民族として恨《ハン》が多い」
私「金日成が人民に与えた『白米の夢』は遠かった。国難には北朝鮮が置かれた地政学的条件も影響している。いま一番重要なことは北朝鮮が核を放棄して東北アジア共同体を築き、ともに繁栄する努力だ。そのためにも日朝国交正常化を早く実現する必要がある」
尹「そうです。東北アジアの共生が大事です」
打てば響くとはこのことか。長い朝鮮半島取材で、北朝鮮の人間から「共生」の言葉を聞くのは初めてだった。
この尹さん、別れぎわに「先生のことは一生忘れません」と握手を求めてきた。
九竜閣で会ったのはadidasマークの帽子をかぶった案内員。平壌の経済大学出身というだけに、二〇〇二年七月に北朝鮮がとった経済管理改善措置について「七・一措置はよいと思う」と、改

金剛山観光ホテルでのナイトショー。フィナーレは韓国人客に手を振りながらの統一を願う歌の合唱。客席からも手を挙げて応え、盛り上がった。

革への期待をのぞかせた。

下山し、「金剛山温泉」で汗を流す。無色透明のラドン温泉で疲労回復、心臓病、高血圧に効果があるという。露天風呂で手足を伸ばし深呼吸。空気がうまい。家族やグループ向けの個室風呂もある。

夕食後はホテルで「金剛山芸術小組」の「芸術公演」を鑑賞。ナイトショーである。軽音楽団に男女歌手八人。「パンガプスムニダ」で幕開け。サービスたっぷり、韓国の流行歌に客席から拍手がわく。伝統楽器の伽倻琴《カヤグム》とエレキギターの競演。民族服の女性歌手がうたいあげる曲「私たちは一つ（ハナ）」に大きな拍手がわく。フィナーレは「われらの願い」を合唱。

われらの願いは統一　　夢に見るのも統一

この命捧げて統一　　統一よ、来たれ
われら同胞を救う統一　　わが国を救う統一
統一よ、早く来たれ　　統一よ、来たれ
（「われらの願い」作詞アン・ソクチュ、作曲アン・ビョンウォン／訳・田月仙）

舞台と客席から互いに手を振って雰囲気は最高潮に達した。

コラム　金剛山《クムガンサン》

朝鮮半島の背骨をなす太白山脈《テエベクサンメク》の名勝で北朝鮮東海岸に位置する。最高峰の毘盧峰《ピロボン》（一六三八メートル）をはじめ一万二千ともいわれる峰が屹立する。花こう岩が風化した奇勝が多い。日本海（東海）にせり出した奇岩で知られる海金剛《ヘエクムガン》、観光開放された外金剛《ウェクムガン》、毘盧峰を抱える内陸部の内金剛《ネエクムガン》の三地域に分かれ、総面積は五三〇平方キロ。

四世紀に始まる高句麗、百済、新羅の三国時代から仏教の聖地とされ、伝説の宝庫でもある。日本の植民地時代には登山鉄道が走り、東海岸の高城港（旧長箭《チャンジョン》港）は旧日本海軍基地だった。

金日成バッジを胸に付け、土産物屋台で商売に精を出す北の女性従業員。

九八年に韓国・現代グループが「特別経済地区」として長期の独占的な開発・利用権を獲得して韓国人の観光が始まり、二〇〇〇年からは日本人を含む外国人にも開放された。〇一年には政府系の韓国観光公社が参入し、これまでに約九〇〇億ドルを投じて温泉施設やサーカス公演場の金剛山文化会館を購入した。

当初は客船による海路、〇三年からは直行バスでの陸路観光がスタート。〇七年五月からは内金剛も公開された。〇八年二月末までに訪れた観光客は、内金剛も含めて計一八〇万人にのぼる。このうち日本人は〇七年末までで一三二七人。〇八年三月からはマイカーで休戦ラインを越えて金剛山入りが可能になった。

二泊三日の料金は、紅葉の季節は部屋の等級によって四九～一二五万ウォンだが、オフシーズンなら二九～八五万ウォン。一泊二日、日帰りコースもある。

観光客一人当たり三〇～八〇ドルが北朝鮮に支払われる。金剛山観光関連の対北朝鮮送金は〇五年だけで一三四八万ドル、〇七年までの累計で約六億ドル（約六〇〇億円）にのぼる。

金剛山観光など北朝鮮との経済協力や支援が北朝鮮の核開発の費用に転用されたとする米韓両国の保守派の指摘もある。一方、観光学博士の称号を持つ現代峨山《ヒョンデアサン》の沈相振《シムサンジン》常務は「ＤＭＺからＰＬＺ（Peace Life Zone）へ」と、積極的な平和地帯づくりへの転換を提唱している。

現代グループはこの地区にレジャー施設の建設やリゾート開発を進めている。〇八年五月にはゴルフ場（18ホール）がオープンした。長期的には先端技術の研究開発団地（仮称「金剛山バレー」）建設も計画されている。

〇五年夏から建設が始まった南北離散家族の面会所は〇八年夏ごろには完成の予定で、「民族の聖地」の価値を高めることになる。

2　戦争の傷痕を超えて

海金剛から高城展望台を望む人気スポットで記念撮影する韓国人家族

✣今も残る砲台、トーチカ

翌日は海金剛コース。冷戦時代に韓国人が日本海（東海）岸の分断ラインの彼方にある奇岩群を遠望し、ひたすらあこがれた「聖域」だ。

バスは畑の集落を三〇分ほど走って、民間人統制線をまたいだ。休戦ラインに沿って高い鉄条網が見えた。

このコースは非武装地帯を抱く格好になる。八キロ南には朝鮮戦争の激戦地だった三五一高地がある。五年前に釜山から海路で訪れた時には、米軍機の空爆で破壊された橋の橋脚に鉄板を渡して通行している光景を見た。

地雷原を横切って着いた海は真っ青に澄んで、かつての戦火を忘れさせるようだ。鉄の階段を踏んでたどる巨岩めぐりは楽しめる。大理石のあずまやから南の高城統一展望台までは一〇キロ余り。ここが北の地であることが信じられない。

しかし、開放区域のすぐ北側の海岸にはまだ砲台やトーチカが残り、監視の軍人に「カメラを向けるな」と注意された。これが現実。雪どけは半ばなり、だ。叢石亭《チョンソクチョン》など美しい節理で有名な奇岩群を見られるのはいつの日か。

内陸に戻り、昔、仙人たちが美しさに時を忘れ三日もとどまったという伝説の湖「三日浦《サミルポ》」。湖面に突き出た展望レストラン「丹楓館《タンプングァン》」の前には、ここもバーベキュー屋台。金日成バッジの女性が立つ売店では北朝鮮の農産品などが人気だ。

丹楓館で北朝鮮ビール「ポンハク」（三ドル）とマツタケ焼き（一本分で一〇ドル）、ピンデトック（お焼き、一ドル）でちょっと豪華な昼食。ブドウ、ミネラルウォーターも各一ドルだった。

湖畔を周遊。女性案内員がハンドマイクを手に「（北の）白頭山と（南の）漢拏山《ハルラサン》が手をつなぎ……」と統一の歌をうたうと、韓国人客も声を合わせた。

前回は騒音がけたたましかった貸しモーターボートは姿を消した。小島が浮かび、透き通った湖は静穏そのものだ。だが、あのとき軍人の案内員が「この湖の底には米軍機が落とした不発弾がたくさん埋まっています」と語ったことが耳底から消えない。

✣観光・リゾート施設づくりに懸命

観光事業を担う現代峨山の金永煥《キムヨンファン》総所長に会った。中東で現代建設《ヒョンデコンソル》の現地所長も務めたというパイオニアだ。軍隊では高城に駐屯し、金剛山方面の警戒任務についた。それがいまは観光開発の金剛山駐在に。「時代の変化に感慨無量です」と話した。

金総所長に案内されて高城湾に面したゴルフ場の建設現場、完成したビーチホテル（一〇〇室）やペンション・タウン（三四棟）などを見た。「ここは北朝鮮でも比較的に温暖なのでリゾートに打ってつけ」と強調し、大量輸送できる鉄道観光の準備も進んでいると話す。「日本人観光客の誘致は今後の課題です」とも。三五〇人も入る大きな刺身料理店の開店はその布石と見た。

温井里《オンジョンニ》では平壌冷麺《ピョンヤンネンミョン》で有名な「玉流館《オンニュグァン》」の金剛山支店が開店したばかりだった。九九年に北朝鮮取材の際、平壌の本店で会った女性支配人が乗り込んで指揮をとっていた。力の入れ具合がわかる。

冷麺はまだ味がなじんでいなかったが、気分は平壌。「大同江《テドンガン》ビール」が五ドル。なんと韓国の「プライム」缶ビールもある。ジャガイモのジョン（お焼き風）もおいしい。

✣現実的な統一アプローチ

金さんは「離散家族面会所」の建設地も案内してくれた。一万五〇〇〇坪の敷地に地上一二階、地下一階で六〇〇〜一〇〇〇人収容の宿泊施設ができる。

老齢化する離散家族の再会は待ったなしの人道問題である。北の故郷を鴨緑江越しにひと目見たいと中朝国境を訪れた韓国人老夫婦の深いしわ。半世紀ぶりに抱き合った兄妹の涙……私がかつて取材で出会った、悲嘆の歳月を刻んだいくつもの顔が忘れられない。

金剛山特区は南北統一の実験場でもあり、離散家族面会所はその重要なステップとなるだろう。一方で、実際に展開している統一へのアプローチはかなり現実的だ。

金剛山観光は、現代グループが開発の見返りとして支払いを約束した総額約一〇億ドルが北朝鮮にとって魅力的な誘いとなり、実現した。その事業協力を通じて南北の相互信頼が築かれたことが、分断史上初の南北首脳会談の起爆剤になった。

観光特区の運営は、北朝鮮の核実験で韓国世論や米政府が硬化して中断した時期を除いて一応軌道に乗り、市場経済システムが定着しつつあるようだ。ホテルにも北朝鮮の従業員が目立ってふえた。金剛山を出発点に北朝鮮全体にドルの魔力が波紋のように広がり、北の住民を次第にとりこにしているようだ。もはや後戻りはむずかしい状況だ。

ドイツ統一は東西ドイツの人びとが同じテレビを見ることができたという「情報・通信の共有」が大きな要因だった。では、南北朝鮮を統一に導く力は何か。それは南北の人びとが共有する「民族精神」に加えて、「有無相通じ合う経済協力」であろう。

経済の支えがあってこそ、「聖地」は戦争の傷痕を克服し、輝くのである。

3　南北の戦争指導者の別荘

✣激戦地跡に建つ「安保展示館」

金剛山観光への入口である「高城統一展望台」は韓国で最北端に位置する展望台だ。眼下に非武装地帯。その先に金剛山への専用道路が伸びる。展望台は「安保観光」の家族連れでにぎわっていた。

が、一帯には朝鮮戦争の戦績記念碑や忠魂塔などが多く、激戦地だったことを物語っている。韓国空軍の戦闘機が展示され、胴体には「信念の鳥人」と記されている。都市部では見かけなくなった「スパイ申告」を勧める看板もある。「平和統一」と書かれた塔をくぐると、そこは公衆トイレだった。緊張がほぐれた。

高城から南へ国道を一〇数キロ、日本海に臨む白砂と松林の花津浦《ファジンポ》に朝鮮戦争をたたかった金日成と李承晩の別荘がともに復元され、「歴史安保展示館」として公開されている。金日成の別荘はもともと地上二階、地下一階。解放直後に建てられ、北朝鮮建国の四八年から五〇年の朝鮮戦争開戦前まで金日成が最初の妻の金正淑《キムジョンスク》（四九年死亡）、金正日、娘の金敬姫《キムギョンヒ》と夏期休暇を過ごしたという。

展示内容は専門家の検証を経たとされ、室内には大きな机や携帯可能な革ケース入り電話機、真空管ラジオなどがある。書籍も「人口論」「法の精神」「東方見聞録」などの古典が九冊。愛読書だったのだろうが、「マルクス＝レーニン主義を北朝鮮の歴史的条件に創造的、自主的に適用した」と当初説明された独特の「主体思想《チュチェササン》」にどのように反映されたのだろうか。金日成のおなじみの詰襟服、夫人の民族服も吊るされている。

別荘の石段に子供五人が腰を下ろした写真が展示されている。上半身裸でへそも見える金正日の幼時の写真は珍しい。妹敬姫、それに当時のソ連軍人の息子らしい子もいる。

✣動乱の前は金日成、後は李承晩が

金日成がソ連の後押しで北朝鮮指導者としての座を固めていく時期の別荘生活は、ふくれあがる権力の象徴と見える。

しかし、金日成は四九年二月に代表団を率いてソ連を訪問し、南進・武力統一への支援をスターリンに働きかけ、その後、訪中して毛沢東にも援助を求めるなど戦争準備に奔走した。そんな金

金日成の別荘に展示されていた移動電話や書籍、ラジオ。

展示写真の６歳の金正日。下段は妹の金敬姫。

日成が平壌から遠く離れた別荘で過ごす暇はあったのだろうか。そんな疑問も残った。

ここは休戦後に韓国領となり、戦争中に壊れた建物を韓国陸軍が平屋に建て直して将兵の休養施設にしていたが、九九年から展示館となった。

「安保展示」は北朝鮮の南侵やその後の挑発状況を写真などで説明。締めくくりは「統一のあかつきには」人口が約七七〇〇万人で世界一二—一三位、国民総生産（ＧＮＰ）は世界一〇位圏内の国家に躍進する——というものだった。

李承晩の別荘は休戦協定でこの地が韓国に編入された後、五四年に建てられた。独裁打倒を叫ぶ六〇年の学生革命で彼がハワイに亡命後、「廃墟」になったが、九九年に復元された。応接間や執務室、寝室など立派なものだ。

同族が血を流し合う大動乱を演出した金日成と李承晩という二人の独裁者が同じ避暑地でぜいたくな余暇を過ごしたということに、朝鮮半島の屈折した時と空間を感じる。いま、主が消えた別荘の松林をわたる風のざわめきが権力の座のむなしさを奏でている。

Ⅳ

激戦地は野生の楽園

鉄《チョル》 原《ウォン》

銃弾の弾痕と黒カビが目立つ朝鮮労働党の党舎跡

1　冬――地雷原とツルの舞い

✣「鉄の三角地帯」

葉の落ちた林が広がり、ススキが密生する。迷彩服の警備兵たちのほか、動くものはない。静寂そのものだ。ここが南北双方で三〇〇万人を超す人命が失われた朝鮮戦争の最大の激戦地で、おびただしい血を吸った土が眼前にあるとは、容易に信じられない。

私がソウル特派員当時、運転手をつとめてくれた李さんは北からの避難民で、韓国軍の少年兵としてここで戦った。「一晩中、北に向かって撃ちつづけたですよ。最後は銃身が熱くなって手で持っていられなかったな」。

一帯は焦土と化し、爆撃で形が変わった山もある。韓国中部の最前線・鉄原《チョルウォン》と金化《キムファ》、北朝鮮の平康《ピョンガン》を結ぶ、一辺が一八キロほどの地域が「鉄の三角地帯」と呼ばれ、〝鉄の暴風〟がすべてをなぎ倒したのだった。

ハングルで「ジレ（=地雷）」と記した赤い三角の標識が目立つ。突然、地雷の海原が泡立ち、爪を振りかざして迫ってくるような錯覚にとらわれた。
鉄原の「鉄の三角展望台」の階段を下りる足は重かった。

❖〝平和のバロメーター〟

展望台から車を走らせる。

凍結した貯水池の堤の上に登ると、希少種の渡り鳥、クロハゲワシの群れに出会った。ラッキーだ。日本では、迷い鳥がひと冬に一～二羽見られるかどうかというのだから。体長一メートル、

車に衝突して死んだクロハゲワシを見る元炳旿博士（左）

黒褐色の翼を広げると三メートル近い。食物連鎖の頂点に立つ堂々たる「鳥の王者」で、非武装地帯の生態系全体が健全である証しでもある。堤の下に牛の死骸が転がっている。連鎖の頂上にある者が下位の者を殺すことは、自らの糧道を断つ自殺行為となる。牛は死後、彼らの餌食になったのだろう。

途中の路上で、車に衝突死したクロハゲワシを発見。案内してくれた韓国鳥類学会の権

威、元炳昨《ウォンピョンオ》博士が悲しい顔でジープに運んだ。鳥の王者も人間があやつる「凶器」には勝てない——。

澄みきった冬空に優美な翼がいくつも舞っている。

「ツルだ」。息をのんだ。

赤い帽子に白い翼のタンチョウとグレーの服のマナヅルがひと家族のように雪化粧の枯れ田で落ち穂をついばむ。非武装地帯からわずか五〇〇〜六〇〇メートル。ここはツルの天国だ。

韓国でも瑞鳥とされるツルは人気が高い。とくに、二種類の異なるツルが一グループをつくって行動する様子を間近に見られるのは、世界で鉄原ぐらいだという。

マナヅルと、体も足も黒っぽいナベヅルは、鹿児島県出水《いずみ》から非武装地帯やその隣接地域に飛来し、ロシア沿海州、シベリアや中国東北部の繁殖地への旅に備える。

かつて軍事演習などのため、飛来が減った時期があった。朝鮮半島のツルは平和のバロメーターなのだ。

マナヅルの一家族が「トゥルルー」と高く鳴いて、華麗に舞い上がった。北帰行が始まったのか。

元炳昨博士がつぶやいた。「鳥は自由に北に帰れていいですねえ」。博士には北の地に眠る両親がいるのだ。

2　鳥が呼び寄せた「再会」

✣動乱の中での離別

元炳旿博士は一九二九年、開城《ケソン》に生まれ、金日成大学で学び、のちに北海道大学農学部で学位をとった。韓国鳥類学会の名誉会長で国際鳥類学会理事も歴任した。

父親は朝鮮の鳥類研究のパイオニア、元洪九《ウォンホング》博士。旧制鹿児島高等農林にも留学し、解放後は金日成総合大学教授を務めた。

父子を引き裂いたのは朝鮮戦争だった。

朝鮮人民軍中尉だった息子は、戦線が混乱するなか、父親にすすめられて二人の兄と一緒に南下した。中国軍の参戦に危機感をつのらせた米国が原爆投下も辞さずとの方針を発表した直後だった。「途中で父母のもとに引き返そうとしたが、避難民の渦のような流れに到底逆らえなかった」。

南で韓国軍大尉に進み、のちの大統領、朴正熙《パクチョンヒ》司令官に仕え、退役後は慶熙《キョンヒ》大学の教壇に立った。

六三年、渡り鳥のルートを調べるため、ソウルで足輪をつけて放したシベリアムクドリ八二羽のうち、「農林省JAPAN」の標識をつけた一羽が、六五年初夏、平壌郊外で捕らえられた。なんと、元洪九博士の手で。

日本にはいない鳥に日本の標識があるのを不思議に思った洪九博士は、日本の山階《やましな》鳥類研究所に問い合わせた。鳥を放したのは「WON　PYONGOH」だとわかった。「息子は生きていた!」一五年ぶりに親子のきずながつながった。

✣五二年ぶりの帰国

だが、鋭い南北対立の時代。再会が叶わぬまま、父は一九七〇年、母も七三年に亡くなった。洪九博士は、父子相伝で鳥の生態を教えた末っ子の名を最期まで呼んでいたという。

息子は「墓参をしたい」と日本やカナダの知り合いを通じて再三、訪朝を打診した。だが、北朝鮮側の「逃亡兵」というレッテルが消えず、一時はあきらめた。

しかし、二〇〇〇年の南北首脳会談が「青い鳥」を運んできた。北朝鮮指導部あての手紙をドイツの友人に託したところ、すぐに招待状が届いた。

元炳旿博士は〇二年六月末から二週間、五二年ぶりに北の土を踏んだ。父親は平壌郊外の愛国烈士陵に眠っていた。「アボニム（お父様）、やっと帰ってきました」。万感の思いを込めて語りか

平壌の愛国烈士陵に眠る亡父の墓参が叶った元炳旿博士。半世紀ぶりに再会した肉親たちに囲まれて。（元博士提供）

けた。墓碑にはめ込まれた父の温顔は「よく来た」とほほえんでいるように見えた。

北朝鮮に滞在中、博士は親戚たちと再会し、動物研究の南北学術交流や白頭山の生態調査など、父の遺志を継ぐ事業計画を決めた。

「政治」に翻弄された元博士父子のドラマ。それは分断と戦争の悲劇そのものだが、「再会」をきっかけに民族の和解と協力のヒナ鳥を育てることができれば、半世紀の空白をプラスに転じることが可能かもしれない。

コラム　希少生物の宝庫——DMZ

半世紀以上も人が足を踏み入れていない非武装地帯は「野生の楽園」。鳥類研究にとっては「渡り鳥の宝庫」である。

鉄原や板門店など非武装地帯周辺がツルの大規模中継地になっていることは、人工衛星による飛来ルートの追跡で明らかになった。こうした調査は、北朝鮮と韓国、日本、そして在日朝鮮人の学者たちの共同研究が成果をあげた。

東アジアで最も絶滅が危惧されるクロツラヘラサギは非武装地帯西端の黄海（西海）沿岸の島で繁殖し、わずかながら日本でも越冬する（鹿児島県吹上浜は貴重な観察地の一つ）。

鳥類生態研究の樋口広芳東京大大学院教授は「非武装地帯の自然が失われると、行き場を失った渡り鳥の多くが消滅していく。それは遠く離れた別の渡来地の生態系破壊をもたらす可能性がある」と、地球環境全体の保全にかかわることを強調する。

樋口教授は在日朝鮮人、また北朝鮮の生物学者との共同研究をふまえて、米韓合同軍事演習でツルの保護が脅かされたことを指摘している。

韓国側の非武装地帯には六〇年代以降、急成長下の開発に追われた野生動物たちがすみついた。高麗キジやクロハゲワシ、絶滅が心配される朝鮮カモシカ、シカ科のキバノロなどの哺乳動物だ。

韓国山林庁が二〇〇〇年まで六年間、非武装地帯と隣接地域の生態系調査をした結果、黄金色の筋が独特の朝鮮トノサマガエルなど九七もの希少、新種の動植物が確認された。

南北首脳会談後、南北双方の軍が相互監視しやすくするためにつづけた野焼きを中止することで原則合意するなど、生態系保全の南北協力も動き出した。

韓国国防省も非武装地帯の環境保護を課題にあげる。同省環境課長を務めた梁任錫《ヤンイムソク》さんはいう。「二一世紀の軍の目的は戦争ではなく平和維持だ。環境を守ることが平和を守ることになる」（『グリーンパワー』二〇〇〇年一一月号）。この言葉は「非戦」のメッセージそのものだ。

コラム　トラはどこへ行った？

旅の一夜、ついにトラが出た。二〇〇一年の朝日新聞「日曜版」取材で、元炳旿博士とともに鉄原を案内してくれた韓尚勲《ハンサンフン》野生動物連合議長が、「最近、目撃証言がふえた。いるかもしれない」というのだ。

朝鮮のトラは豊臣秀吉侵略軍の武将、加藤清正の「虎退治」で有名だが、戦後はとんと音沙汰がなかった。私が韓国に留学した七〇年代、トラ騒動があったが、間違いとわかった。それだけに、韓さんの話にはゾクッときた。

北朝鮮側の国際共同調査では、中朝国境の白頭山には五頭ほどいる。それが非武装地帯に迷い込んだ後、南側の鉄条網を避けて臨津江を泳いで渡るという推測もある。ただ、ヒョウの可能性もある、というのだ。

だが、韓さんの恩師である元博士は「北のトラ研究家に聞いたら、白頭山付近で一頭だけ確認され、中国東北部と北朝鮮を徘徊しているそうだ」と否定的だ。

元博士の友人で、動物文学者の遠藤公男さんは労作『朝鮮の虎はなぜ消えたか』（講談社）でこう記している。

「日本の侵略が、この国の虎の滅亡に深く深くからんでいる。虎を山神として崇拝してきたこの国に、新式の連発銃や軍銃を持って、大勢の日本人が押しかけ、明治の後半から大正にかけて、たちまち虎を滅ぼしてしまった」

遠藤さんがソウル大学の図書館で見つけた『朝鮮総督府統計年報』によると、朝鮮半島のトラは一九四〇年（昭和一五年）に最後の一頭が捕獲された。その場所は不明だが、一九三三〜三八年に捕らえられたトラはすべて北朝鮮（朝鮮北部）で、すでに韓国（朝鮮南部）では滅びてしまったらしいという。

3　夏——緑おおうツメ跡

✣爆撃で縮んだ白馬高地

○四年夏の日曜日、ソウルから地下鉄と国鉄を乗り継ぎ鉄原を再訪した。在韓米軍の基地村、議政府《ウィジョンブ》を経由して京元線新炭里《キョンウォンソンシンタンニ》駅で下車。三角屋根の駅舎が気持ちをなごませる。駅前にある「安保観光」会社事務所で手続きし、ミニバスで戦跡巡りへ。事務所の所長が運転手兼ガイドさん。日本語も達者だからありがたい。

真っ先に向かったのは朝鮮戦争で最大の激戦地だった「白馬高地《ペンマコウジ》」。海抜三九五メートルの丘だが、実は戦争で猛烈な空爆にさらされて三メートルも削られ、形が変わった。米軍パイロットが、霧のなかに浮かぶ丘が「白馬に見える」といったのが名前のいわれだという。いまは緑豊かだが、慰霊碑や戦死有功者碑が痛々しい。

記念館。二棟に分かれた白壁の建物が白い塔を抱える形は、ツルが飛び立つ姿のようで、この地での鎮魂にふさわしいと思った。

ここでは休戦会談さなかの五二年一〇月六〜一五日、一〇日間にわたって壮絶な死闘が繰り広げられた。双方が一センチでも多く領土を獲得しようとして。そして南北合わせて一万七千人余りが犠牲になったという。

ここが激戦地となったのは、重要な戦略位置だったから。丘の上から見るとわかるが、戦争前の南北分割ライン、北緯三八度線の南側に白馬高地など丘陵が二つある。国連軍・韓国軍としてはここを敵に占領されたが最後、後方の漢灘江《ハンタンガン》の南にまで一気に後退を強いられ、やがてソウルもあやうくなる——。だから、休戦直前まで必死の攻防が展開された。

北には金日成が戦闘の陣頭指揮をしたことから「金日成山」と名づけられたという山も見える。記念館には「白馬軍神の肉弾突撃」のレリーフがある。太極旗はためくなか、ピストルや手りゅう弾で敵に挑む三兵士。朝鮮戦争での兄弟の情をテーマにした映画「ブラザーフッド」に出てくる激闘の場面はこれからヒントを得たのかも。日本でも戦争中、「爆弾三勇士」の物語が国民を沸かせた故事を思い出す。

鉄原平野を横切り、北朝鮮が掘った第二トンネルへ。植民地時代に走った金剛山電鉄の鉄橋跡が草むらの間から見える。真っ赤に錆びついた鉄路だが、南北首脳会談後に復旧計画が進んでいる。南北が統一され、金剛山に平和の電車が走る日を待ちたい。

「第二トンネル」へ。七五年三月に発見された。長さ三・五キロで、休戦ラインから南に一・一

第２トンネルの入口。迷彩服の警備兵とは対照的に屈託ない家族連れ。

キロ侵入している。夏休み中で家族連れが多く、迷彩服の警備兵にも緊張感はないが、トンネル確認作業で死んだ兵士八人の名前を刻んだ慰霊塔は痛ましい。

ここは板門店近くの第三トンネルと違って徒歩で見学だ。規則に従ってカメラを警備兵に預ける。ピンクのヘルメットをかぶって斜坑を六〇〇メートル下ると、北から掘り進んだトンネルにぶつかる。地下五〇～一〇〇メートルのところに掘られたトンネルは高さ二メートル、幅二・二メートル。白ペンキで縁取られた直径二〇～三〇センチの発破の孔が南を向いている。

水平なトンネル部分に小部屋のような地下広場があり、シャベルなど掘削器具が展示されていた。地上の気温はこの日、二五度で暑かったが、地中は一〇度以下。トンネル掘削中の北の兵士たちを

朝鮮戦争で砲弾に破壊されたまま錆び付いた「鉄馬」

想像すると、余計にひんやり感じた。

✣廃墟の植樹に救い

「鉄の三角展望台」。三年前「日曜版」取材で来た時は白一色だった地雷原は、見事な緑のじゅうたんに覆われていた。目前につらなる鉄条網の内側にはつがいの白サギやカササギ。二頭の子ジカがエサを求めて高さ三メートルほどの鉄条網の手前までやって来る。かわいい。思わず、「地雷に気をつけろ」と叫びたくなる。厳冬期とまったく違う、平和な風景だ。草むらに爆撃で破壊され、赤錆びた列車の残骸さえなければ、である。

旧月井里《ウォルジョンニ》駅。ここも夏休みの家族連れで賑わう。展示されている錆びた鉄骨だけの列車が「走りたいよう」と泣いているような錯覚をおぼえる。

戦争前の鉄原市街地を走る。黒焦げのコンクリート壁が残る旧鉄原駅舎や金融組合の金庫跡、病院や郡庁跡、農産物検査所、氷貯蔵庫、五〇〇人が働いていた被服工場跡……。壁の一部や土台だけを残して消滅した街。人間の営みをせん滅した戦争のすさまじさが迫ってくる。

稲穂がたわわな夏があるから、冬にたくさんの渡り鳥が落ち穂を求めて来る。そんな田園地帯に広がる緑のじゅうたんの下にむごい記憶が眠る。

「朝鮮《チョソン》労働《ノドン》党《ダン》舎《サ》」跡（この章のとびら写真）。朝鮮戦争まで北朝鮮の統治拠点だった。ソ連式建築で四六～四七年に建造。二階まで鉄筋だが、三階は木造だ。

爆弾痕が生々しい。この党舎で地主や資本家など「反動勢力」への拷問や処刑が行われたといわれ、二〇年前までは雨の夜に青白い人だまが飛んでいたという話も伝わる。いまも銃弾の穴だらけで黒かびで汚れた建物は巨大な幽霊屋敷のようだ。

救いがあった。無残な建物の横に「統一の松」と「平和の樹」が学生たちの手で植樹されていた。まだ幼木だが、平和への力強いメッセージを受け取った。廃墟のところどころから空に向かって伸びる草たちにも生命力を感じた。

新炭里駅前の食堂でスントゥブ（辛い豆腐鍋）にありついた。鉄原暮らし三〇年という女主人は「以前は山に行くと、北の宣伝放送がよく聞こえたが、最近は聞こえてこない」。

帰途、日曜の夕方の議政府駅には兵舎に戻る迷彩服の兵士たちが、家族や恋人との別れを惜しむ姿があった。手をつなぐカップルもいる。米軍基地の白人、黒人の兵士の姿も。基地の村は東アジア安保の縮図であると同時に、さまざまな人種や民族の出会いの場でもあると気づき、少し緊張がほどけた。

✣ツルの里に平和のこだま

二〇〇七年一一月、鉄原から日本へ朗報が届いた。東北アジア非核兵器地帯の設立を提唱してきた日本のNPO法人「ピースデポ」が、鉄原を抱える江原道《カンウォンド》と地元紙・江原日報《カンウォンイルボ》が主催する「DMZ平和賞」の特別賞を受賞したのだ。この賞は〇五年、江原道が「世界で唯一の分断道」として、DMZが世界平和の象徴としての役割を果たすよう制定されたもので、日本の団体の受賞は初めてだ。

受賞式に出席した梅林宏道代表（現、特別代表）は、「江原道の分断には日本も責任を負っている。日本のなかには過ちの歴史を美化して軍事化を強めようとする危険な流れがある」と指摘。世界ですでに五つの非核兵器地帯が存在し、一〇九カ国が非核地帯に属していることを紹介したうえで、「相互不信と警戒感の連鎖を、国境を越えた平和を求める市民の知恵と行動で断ち切りたい」と強調した。

ピースデポは韓国の市民団体「平和ネットワーク」とも連携しながら、日本と南北朝鮮が地理的な非核兵器地帯を形成し、核保有国の中国、米国、ロシアはその地帯への核攻撃や脅しをしない義務を負うという三＋三（スリー・プラス・スリー）の六カ国による東北アジア非核兵器地帯条約案を作成し、活動をつづけてきた。日韓の市民団体が呼びかけあう「平和のこだま」がツルの里で共鳴し合った。

※最近の鉄原ツアーは「鉄の三角戦績館」前から一日に四回出発する戦跡巡りのバスを利用できる。火曜日は運休。巻末の「ツアーガイド」参照。

V

強国襲来・抵抗の島
江《カン》華《ファ》島《ド》

「江華島事件」で日本の軍艦・雲揚号と交戦した砲台・草芝鎮の老松。幹に残る侵略軍の弾痕（白線で囲んだ部分）

1　地政学上の要衝を体感

✣「黒船来航」韓国版

江華島《カンファド》は、北朝鮮の開城《ケソン》地区（開豊《ケプン》郡、板門郡）と海上の休戦ラインをはさんでわずか一―二キロほどの距離で鼻を突きあわせる最前線の島だ。

ソウルの大学街・新村《シンチョン》のバスターミナルから約一時間半。直行バスの窓から目につくのは軍の施設とキリスト教会だ。

最前線だけに海兵隊員の迷彩服も島の風景に溶け込んでいるかのようだ。ある部隊のゲートには「若者よ海兵隊に！」と威勢のいい看板。衛兵が立つ施設の中庭には「護国忠勇」の碑も見えた。小高い丘のてっぺんに哨所、幹線道路には検問所が目立つ。

江華海峡をまたぐ江華大橋を渡り島内へ。幅三〇〇メートルほどの海峡はあっという間だ。だが、一見ありふれたこのせまい水路こそ、勇猛なモンゴル軍も渡れなかった難所だった。高麗《コリョ》時代の一三世紀、モンゴル軍が朝鮮を侵略し全土荒廃するなか、政権は江華島に都を移して徹底抗

雲揚号の砲撃に応戦した紅夷砲の前に立つ郭貴勲さん

戦した。速い潮流が操船に不慣れなモンゴル軍の侵入を阻み、民族の危急を救ってくれたのだ。

同行の郭貴勲《クァククィフン》さん（八二）は「見なさい。潮が早く渦巻いているのが見えるでしょう。昔の舟なら容易に転覆したでしょう」と海面を指差した。

郭さんは植民地時代、全州《チョンジュ》師範学校在学中の一九四四年に第一期の朝鮮人学徒兵として徴兵され、翌四五年八月六日、広島市内の工兵隊で原爆を浴びた。解放後に帰国し、韓国原爆被害者協会の会長も務め、在韓被爆者運動のリーダーとして活動してきた。郭さんが「江華島にも被爆者がいるはず」と話していたことを思い出し、同行を願ったのだ。

広島、長崎での朝鮮人被爆者は計七万人（同協会推定）といわれるが、日本人被爆者の実数調査さえも行われないなか、正確な人数は不明だ。協会でも把握できない被爆者がいまも韓国には存在する。このことは、日本の朝鮮半島に対する侵略責任はまだまだ清算されていないことの一つの証しである。日本の「戦後」はまだ終わっていないのだ。

江華総合バスターミナルでタクシーに乗りかえ、戦地巡りのスタート。

まず「江華歴史館」を訪れ、この島で過去に繰り広げられた戦争の足跡をざっとたどってみる。瓦屋根が独特のカーブを描く韓屋（韓国家屋）スタイルの歴史館に入ると、民族の誇りそのもののキャッチコピーが語りかける。「江華は幾度にもわたる外侵から国を救った国難克服の地」「首都防衛の前哨基地」……。

高麗時代の対モンゴル抗争の展示につづいて、気を引き締めてのご対面は豊臣軍による壬辰倭乱《イムジンウェラン》（文禄の役）だ。「一五九二年四月、日本は朝鮮を侵略し、何の準備もなかった朝鮮は初めから負けつづけ、開戦二カ月で早くも首都を奪われ、その後ほぼ全土が蹂躙されるなど、危機に陥った」――説明板はこう記した後、江華島では「義勇軍が活躍し、ソウル奪還に大いに寄与した」と称える。

この時は、島の指導者（江華府使《カンファブサ》）が義勇兵を集めて「外勢の海上補給路を遮断」したことが勝因の一つとなった。豊臣軍もやはり江華島周辺の速い流れにしてやられたようだ。

西欧列強の侵入を受けた韓末（大韓帝国末期）の火砲が展示されている。「大院君《デウォングン》は二回の洋《よう》擾《じょう》を経験して火器の重要性を痛感し、積極的に武器類の開発に励んだ」とある。

摂政として権勢を振るった大院君は鎖国攘夷策をとり、江華島を占拠したフランス軍（一八六六年、丙寅洋擾《ピョンインヤンヨ》）やアメリカ艦隊（一八七一年、辛未洋擾《シンミヤンヨ》）を迎え撃ち撤退させた。これで大院君の勢威は上がったが、結局は明成皇后《ミョンソンファンフ》（閔妃《ミンビ》）やその一族との対立から統治は混乱し、日本、中国、ロシアの角逐の渦中で、日本による力ずくの植民地化によって「李朝五百年」は滅亡にいたる。

そう、江華島は、日本の幕末に品川沖に出現し、「泰平の眠りを覚ます上喜撰《じょうきせん》（蒸気船）たった四杯で夜も眠れず」と狂歌にもなった黒船来航の韓国版でもある。

錆びついた小ぶりの火砲は、兵器に象徴される「近代化の時差」がもたらす冷酷な国際関係を見せつけ、ひるがえって今も変わらぬパワーゲームを想起させる。

歴史館の横は、島の外城として江華海峡を守ってきた「甲串墩台《カプコットンテ》」。ここがフランス軍侵略の現場だ。仏極東艦隊が六〇〇人の兵力で上陸し、江華城などを占領したが、一カ月後、熾烈な戦いで撃退された。一角に、高麗時代に対モンゴル戦勝利を祈って建てた優美な八角亭があるおかげで、生々しい戦跡の感じはない。

✣日本軍との激戦場

海峡沿いの道には北朝鮮ゲリラ侵入防止の鉄条網がつづく。高麗時代にモンゴル軍の侵入を阻止するため、内城、中城、外城と三重の山城（江華城）を築いたが、その役割はいま鉄柵《チョルチェク》に変わったわけだ。

広城堡《クァンソンボ》。辛未洋擾でロジャース中将率いる米艦隊六隻が侵入し、陸戦隊がここを占領したが、朝鮮守備隊と白兵戦の末に敗走した。ここの堂々たる楼閣の門は「按海楼《アンヘル》」と名づけられ、陣地の中には火縄砲が展示されている。

次いで徳津鎮《トクチンジン》。やはり辛未洋擾で米軍に占領され、城門が破壊されたが、三〇年前に復元され、「控海楼《コンヘル》」と名づけられた。海峡をにらむ一五基の砲座が激戦をほうふつとさせる。当時、外国船の出入りを統制する目的で、大院君の名で建てた「警告碑」がある。「海門防守他国船慎勿過」。外国船舶はみだりにこの海峡を航行できない――という鎖国の意思を示す碑文だ。

次はいよいよ、かつて日本軍が押し寄せた「草芝鎮《チョジジン》」へ。日本人として若干足取りが重くなるのはやむをえない。

江華海峡に突き出たこの砦は一六五六年につくられ、丙寅洋擾と辛未洋擾の戦場でもあったが、ここはなんといっても一八七五（明治八）年の日本軍艦雲揚号の侵入で激戦場になったことで知られる。

九月二〇日、雲揚号（約二五〇トン）が江華島の水域に入ると、草芝鎮から砲撃された。日本側は応戦して砲台を破壊した。この戦いで日本側は二人が負傷（のち一人死亡）、朝鮮側は三五人が死んだ——とされる。「江華島事件」である。

事件は、明治新政府と朝鮮側の外交摩擦が背景にあった。天皇親政への変化を伝える外交文書に「皇」などの表現があったため、清（皇帝）と冊封《さくほう》関係を結び、清を宗主国としていた朝鮮の大院君はこれを拒否。日本は膠着状態を打開しようと、軍艦を送り込んだ。朝鮮側はその後、閔氏政権が大院君ら鎖国攘夷派を押さえ込んで日本との復交に動き、七六年に日朝修好条規（江華条約）を結んだ——というのが一連の経緯とされる。

だが一言でいえば、雲揚号事件はペリーの黒船が江戸幕府を脅したのにならい、それをさらに手荒にした手法で隣国を侵略し、欧米列強の後を追おうとした日本の「戦略発動」の最初の一歩だった。

✣「歴史の捏造」第一号

日本では従来、雲揚号は「朝鮮近海測量のため」派遣され、江華島に近づくと「飲料水を探す」としてボートを陸に接近させたところ、朝鮮側から砲撃を受けたというのが「定説」とされてきた。

しかし、井上良馨《よしか》同艦長の事件直後の政府あて報告書（九月二九日付）には「飲み水を求めて」

とは全く書かれていない。このあとに作成された公式報告書（一〇月八日付）では戦闘は一日だけとされるが、実際は三日間も続いた。しかも、井上艦長は江華島事件の少し前には朝鮮東海岸の防備状況を偵察したあと、朝鮮の国内は乱れているので、「攻めるには今が好いチャンスだ」として海軍中央に「早々に出兵を」と促す報告書を出していた。

こうした点から、歴史家の中塚明さんは「雲揚号は『戦争を挑発した』といっても過言ではない」という。さらに、雲揚号が朝鮮の領海内に侵入して戦争をしたことは国際法から許されないという議論が政府部内にあったため、江華島接近は飲料水確保のための緊急避難行動だったと報告書を書き換えて欧米諸国に通報したとして、同事件が近代日本の歴史偽造の第一歩だったと指摘している。（『現代日本の歴史認識』高文研）

このような日本海軍の隠蔽体質は、それから百三十年余りもたった〇八年二月、房総半島沖で海上自衛隊のイージス艦が漁船と衝突し船長父子が犠牲になった事件で、防衛省・海自が自らの過失を糊塗するためにさまざまな事後工作を行ったこととも重なって見える。

日本は欧米列強との不平等条約に泣いたが、朝鮮に対しては治外法権や無関税貿易条項などを盛り込んだ不平等条約（江華条約）を押し付け、その結果、庶民の暮らしまでが圧迫されるようになった。

草芝鎮には、列強による「砲艦外交」を示す痕跡がくっきりと残っている。砦の防壁を背にし

紅夷砲

日本と米国、フランスの軍艦から砲撃された草芝鎮に残る弾痕

て幹の周囲が一メートル以上の老松があり、それが地上から五メートルほどのところで幅約三〇センチにわたってえぐられている。雲揚号とは記されていないが、侵略軍の砲弾が削り取ったという。白いペンキが痛々しい（章とびら写真）。防壁にも、砲弾による穴が残っている。

円形状に防壁が取り巻く砦は整備され、戦闘で活躍した「紅夷砲《ホンイポ》」が展示されている。砲身二・六メートルの砲の射程距離は七〇〇メートル。砲口に火薬と砲弾を入れ、導火線に火をつけて爆発する力で飛ばした。砲弾自体は爆発しないので威力は弱く、命中すれば船腹に穴をあける程度だったという。

郭貴勲さんは江華海峡を眺めながら、こう語る。

「江華島は近代の黎明期において列強パワー

のバランサーの役割を果たしてきました。その地政学上の構図はいまもまったく同じです。日本、中国、ロシア、米国。いまはむしろ韓半島（朝鮮半島）全体が江華島になったといえます」

「怖いのは日本です。右傾化した指導者がいつ何をいい出すか、わかりませんよ」

郭さんの怒りは核拡散に向けられる。「中国も大国化して核軍備が進んでいます。日本だって反核の声は低くなっています。日本は『唯一の被爆国』だといっても、政治家たちが核開発をちらつかせるのでは、世界には認められませんよ。日本が矛盾した主張をするようでは、反核は広まりません」

郭さんは、韓国人被爆者は日韓条約で救済ずみとして切り捨てる日本政府の対応に憤り、「海外被爆者も日本人被爆者と同じように、わざわざ日本まで行かなくとも、居住地で手当を受けられるように」と、日本政府を相手どって提訴。「被爆者はどこにいても被爆者」という明快な主張が通り、二〇〇二年一二月に大阪高裁で勝訴した。植民地被害で初めて、国家補償なみの待遇を日本政府からかちとったのだ。だが、元「従軍慰安婦」に対する国家補償問題は未解決のままだ。日本が戦後責任、いや戦争責任そのものを明確にして過去と決別しない限り、元陸軍幹部候補生・郭さんの怒りが解ける日は来ないだろう。

コラム　江華島《カンファド》

ソウルの北西、黄海（西海）につながる京畿湾に位置し、仁川《インチョン》広域市に属する。島の総面積は二九三平方キロで、韓国の島嶼で五番目の大きさ。対岸の金浦半島とは幅わずか二〇〇〜三〇〇メートルの江華海峡が隔てる。

高麗時代にはモンゴル軍の侵略を受けた国王の避難所となった。漢江の河口にあってソウルに直結する要衝だけに、朝鮮王朝時代も首都防衛の関門として極めて重要な役割を果たした。

外敵に狙われやすい地理環境から、近代に入って西欧列強の相次ぐ侵入を受けた。一八七五年の軍艦、雲揚号の侵入事件を契機に日本の圧力による日朝修好条規（江華条約）が結ばれ、朝鮮は釜山《プサン》、仁川《インチョン》、元山《ウォンサン》の三港を開港。江華島は日本の侵略で扉をこじあけられた悲劇の舞台でもあった。半面、島内に七三カ所もある砦や砲台跡は民族の生き残りをかけた戦いを伝える遺産。高麗時代、モンゴル軍に対抗して築かれた江華城（山城）跡も残る。

朝鮮戦争以後、対北最前線として海兵隊の厳しい守備の下に置かれてきたが、冷戦後の緊張緩和のなかで開発が進んでいる。

朝鮮開国の祖、檀君がつくったとされる塹城壇《チャムソンダン》が島の南端、摩尼山《マニサン》（四六八メートル）

の頂上にある。一〇月三日の開天節《ケエチョンジョル》（韓国の建国記念日）には神聖な祭りが執り行われ、韓国国体では聖火を採火する。

二〇〇〇年に世界遺産に指定された韓国の支石墓（ドルメン）群のうち最大の江華支石墓は高さ二・六メートル、天井石は長さ約七・一メートル。青銅器時代の族長の墓とされる。江華島の西側には摩崖仏もあるソンモ島などが浮かぶ。

韓国ではここでだけできる六年根の朝鮮人参が特産。周辺海域は八メートルの干満差がもたらす世界四大干潟の一つだ。

2 モンゴルの猛攻と抵抗の残照

✣「神風」招いた（?）民軍

高麗時代の一二三一年から約三〇年にわたり朝鮮半島はモンゴル軍に踏みにじられた。そのモンゴル軍と勇敢に戦った高麗軍は「三別抄《サムビョルチョ》」といわれた。左と右の二つの「夜別抄」、それに「神義軍」の三部隊から編成されていたからだ。

もともとは戦時に緊急編成した軍隊だったが、江華島に遷都した後も中央軍として活躍した。ところが、モンゴル出自の中国・元王朝と結んで開城に戻った政権は三別抄の解散を命令。これに対して三別抄は反乱を起こし、全羅道《チョルラド》の珍島《チンド》、次いで済州島《チェジュド》に拠点を移し、これに朝鮮南部の農民も加勢して抗戦をつづけた。

彼らの執拗な抵抗は日本侵攻を計画した元に打撃を与えた。そのため元寇《げんこう》（元・高麗連合軍）の日本襲撃は遅れ、モンゴル軍は結局、三別抄が壊滅した翌一二七四年に日本に襲来した（文永の役）が、「神風」が吹いて敗退したことはよく知られるとおりだ。

一二八一年の弘安の役でも、やはり台風が侵略軍を打ち砕いた。三別抄の「抄《チョ》」は朝鮮語で同音の「草（民草）」に通じる。モンゴルは、いまなら米国に匹敵する一国行動主義の大帝国。つまり、高麗時代の民軍が超大国・元の侵略スケジュールを狂わせ、日本を救ったともいえる。

この三別抄が一二七〇年六月、江華島から南方への転戦に船出したことを記念する石碑が島にある。「護国抗蒙」と刻まれている。

✣ミニパレス高麗宮址《コリョグンジ》

モンゴル軍に果敢に抵抗した高麗のがけっぷち戦術は「首都移転」だった。ここ江華島には一二三二年、高麗第二三代高宗《コジョン》の遷都以来、三八年間も臨時首都が置かれた。

バスターミナルからタクシーで北へ一〇分ほど。着いた王宮址は、ソウルにある朝鮮王朝の壮大な景福宮《キョンボックン》などと比べると、「ミニ王宮」とでもいおうか。威厳は感じるが、仮宮のわびしさは覆いようもない。しかし、これこそが外圧によって国を脅かされることの痛みであり、また逆に民族の粘り強い抵抗精神の証しでもある。

開城の宮殿を模して造営した仮宮は再び首都が取り戻されたあと焼失したが、朝鮮王朝時代に改めていくつかを建設。だが、これも丙寅洋擾でフランス軍に焼かれた。

いま残るのは優美な階段をそなえた正門、朝鮮王朝で王立図書館の分館だった外奎章閣《ウェギュジャンガク》、鐘閣《チョンガク》など少ない。そのなかで目を引くのは、主要地の地方官庁の一つだった「江華留守府《カンファユスブ》」。一七世紀に改修され、日本の植民地統治では郡庁として使われていた。ここでも日韓のねじれた近代史に直面する。

高麗王朝—朝鮮王朝—植民地朝鮮と時代の波に激しく洗われた建物群だが、木立のなかの優雅なたたずまいに少し救われる気がした。

✣略奪された文化財

高麗宮址の外奎章閣は、一七八一年に朝鮮王朝第二二代の正祖《チョンジョ》が建てた。王室や国家の主な行事の内容を書きとめた書物など約一〇〇〇巻を保管していた。ところが、丙寅洋擾で江華島に侵入したフランス軍がその一部を略奪し、残りも焼失した。フランス軍が奪った図書のうち、二〇〇四年現在でフランス国立図書館にあるものは一九一種、二七九巻。そのなかには韓国に筆写本もない貴重な書物も含まれている——。

以上の事実を調べた江華島出身の歴史研究者で出版社代表の金智寧《キムジヨン》さんは「明白な国際法違反である略奪行為にもかかわらず、フランス側はこれらの図書を韓国に返還せず、両国間の摩擦を招いている」とし、こう叫ぶ。「帰れ、朝鮮の本たちよ！」（『江華文化遺産』彷彷曲曲）

江華島は人類の印刷文化の歴史にまぶしい光を放っている。

江華歴史館前には、世界で初めて朝鮮で一二三四年に金属活字がつくられた——と記した記念碑が立っている。なんと、教科書で習ったグーテンベルクより約二〇〇年も早かった。朝鮮の金属活字で印刷した本に、一三七七年に刊行された「白雲和尚抄録仏祖直指心体要節」巻下一冊がある。私はこのレプリカを持っているが、金箔の表紙と鮮明な字体は驚嘆に値する。これもいまはフランス国立図書館が所蔵しており、両国間で返還交渉がつづいてきた。

江華島は木版印刷でもゆかりの地。モンゴル軍の難を避けた高麗の高宗が、焼失した高麗大蔵経《コリヨテジヤンギヨ》を一二五一年に再版させた。この版木はいま国宝として慶尚南道陜川《キヨンサンナムドハプチヨン》の名刹《めいさつ》、海印寺《ヘインサ》に保存され、九五年には世界文化遺産に登録された。

日韓文化を比較すれば、近世このかた武士階級が支配した日本は「武の国」で、一方、文官が主導した韓国は「文の国」といわれる。モンゴル軍によって全土が殲滅されるなか、避難所の高麗王朝が結晶させた文化遺産に驚嘆する。

✣山城が守る名刹

戦乱の跡を離れ、タクシーで摩尼山のふもとへ。徒歩でゆっくり登って三〇分ほどで伝灯寺《チョンドゥンサ》にたどり着いた。高麗からさかのぼって朝鮮三国時代の高句麗《コグリョ》期、三七二年の建立だから、まさに古刹《こさつ》である。緑深い山を背にした仏教建築がゆったりした時を刻む。

だが、ここも山城にしっかりと守られている。滑石を積み重ねた城壁の横っ腹をくりぬいたアーチが寺の門の役割をしている。三郎城《サムランソン》または鼎足山城《チョンジョクサンソン》といわれる山城の長さは二・三キロ。やはりフランス軍との激戦の古戦場である。

郭さんがつぶやいた。「江華島では生きた歴史史料をよく保存してきました。日本はどうですか。侵略の歴史を正しく伝えようとしていないのじゃないですか」。私は、侵略戦争を「聖戦」といいくるめて美化する靖国神社の遊就館を思い浮かべた。

帰途、軍用トラックの列と遭遇した。機関砲を構えた迷彩服の兵士が荷台に仁王立ち。軍事独裁が去った後、久しくお目にかからなかった光景にぎょっとする。

江華島からソウルにいたる地域には、朝鮮戦争で北の黄海道《ファンヘド》から逃げてきて、「故郷の見える所に住みたい」という人が多いという。道路沿いに多く目立つキリスト教会は、こうした「失郷民」の心のよりどころになっている。

江華島には「世界有数の干潟の島」というもう一つの顔がある。広大な泥田のような岸辺は渡り鳥の絶好の餌場でもある。

韓国は九七年に国際的に重要な湿地に関するラムサール条約に加入。国内六三カ所が登録湿地とされる。その中でも江華島のほか、この旅で巡る花津浦、鉄原、大成洞、ソウルの漢江、臨津江、仁川国際空港のある永宗《ヨンジョンド》島の南北端、仁川市の松島《ソンド》、そして黄海（西海）の飛び地白翎島《ペンニョンド》と非武装地帯沿いが目立つ。

この江華島を、ある年の子供の日（韓国でも五月五日）に訪れたときは、草芝鎮で数組の親子連れが記念撮影をしていて、なごやかな雰囲気だった。だが、足元の防壁直下には岩礁が荒々しく露出し、攻めの難所を証明していた。

海峡には金浦半島と結ぶ長大な高速道の江華草芝大橋がかかっている。船が通過しやすいように中央部は緩やかなアーチを描く。百数十年前に列強と生き残りの戦いを繰り広げたこの海峡はいま、開かれた物流の動脈である。それだけに江華島が再びパワーゲームの舞台になることなく、やがて東北アジア共同体の結び目の一つになる日が来ることを念じた。

結局、江華島の被爆者には連絡がとれなかった。歴史の負の遺産に後ろ髪を引かれるような思いで島をあとにした。

Ⅵ

裏切りの島

実尾島《シルミド》

北朝鮮ゲリラによる韓国大統領官邸襲撃に対する報復として、韓国側は北の金日成主席暗殺を計画、そのための特殊部隊を秘密裏に編成、酷烈な訓練を行った。その無人島「実尾島」に、観光客が後を絶たない。

❖〝政治の犠牲〟にされた特殊部隊員

日本でもヒットした韓国映画「シルミド」の舞台は、意外に遠かった。

冷戦まっただ中、金日成襲撃特殊部隊の存在と無惨な反乱劇が封印された無人島。ソウルから直線距離だと、たかだか五〇キロ余り。だが、そこへの上陸は容易でない。私は〇四年の夏場に二回アタックして叶わず、やっと〇五年一二月、「三度目の正直」で黄海（西海）からの寒風吹きすさぶ「冷戦の島」に上陸できたのだった。

思わぬ「敵」は世界でも有数の干満差平均八メートルという、「潮の壁」だった。干潮時の海割れ現象で島に渡れる天然の「橋」ができるのだが、それは一日六時間ほど。季節によって干満の時間が変わるし、その時間は現地に行って初めて分かるという具合で、すっかり手間取った。

韓国映画史上で初めて一二〇〇万人の動員記録をつくった映画「シルミド」。そのストーリーは――一九六八年、北朝鮮武装ゲリラ部隊の青瓦台襲撃事件（五四―五六ページ参照）に対抗して、韓国軍は金日成暗殺のための部隊を密かに養成するが、南北対話が始まったため、「御用済み」に。秘密保持のため「隊員皆殺し」命令が出る。怒った隊員たちは島を脱出、バスを乗っ取り大統領官邸へ直訴に向かうが、途中で軍に阻止され、全員射殺される。

映画は実際の事件とは違う点も少なくないが、一九七一年八月に起きた事件は日本の新聞もソウル特派員電で大きく報道し、衝撃を与えた。韓国では最初、「北のゲリラが南下」と伝えられたが、それは政府が特殊部隊の存在を隠し通そうとしたための「官製の誤報」だった。同月二四日付朝日新聞は「内閣を揺るがすような大問題となった」と報じた。実際、朴正熙《パクチョンヒ》大統領は事件の責任を問い、国防相を更迭する事態となった。

冷戦のはざまで、南北対峙下の政治の道具として国家に裏切られ、犠牲になった隊員たち。彼らの名誉はようやく事件から三三年後の二〇〇四年一月、韓国国会で北朝鮮に派遣された工作員への補償や名誉回復措置を拡大した特別法が成立して一つの区切りがつけられた。

映画では、特殊部隊員は殺人罪などの凶悪犯たちとされたが、実際は一般からの入隊者が多かった。島での苛酷きわまる訓練、作戦中止命令に荒れ狂う男たち。部隊の存在意義をかけて政府・軍幹部と対決する教育隊長役は名優、安聖基《アンソンギ》。最後に責任をとってピストルで自決する場面は鬼気迫るものがあった。

✣寒風ついて無人島へ

〇五年一二月、ソウルのど真ん中、光化門《クァンファムン》ロータリーから仁川《インチョン》国際空港行きのリムジンバスに乗る。切符には実尾島と、その手前にある人気ドラマ「天国の階段」の舞台、舞衣《ムイド》島行きのバスに無料乗車できる、とある。映画とテレビドラマの人気にあやかっての客寄せ策だ。

約一時間で空港到着。無料バスもいいが、リムジンの運転手さんの話だと、舞衣島に渡るフェリーの出発に間に合うかどうか、ぎりぎりの時間だ。わずか一〇分の距離だ。タクシーに飛び乗った。仁川市の沖合いにある永宗島と陸地をつなぐ広大な埋め立て地を横目に、島へ走る。

港に着き、フェリー乗船券売り場に駆け込む。「今日は実尾島に行けますか?」

切符売りのおばさんは、カレンダーと時計を交互に見やった。ここの暦には潮の干満時間が記されているのだ。「大丈夫だね。今日は午後四時ごろまで渡れるよ」。まだ正午すぎだ。心中、思わずバンザイを叫んだ。

舞衣島には車一〇台くらいは楽に積める沿岸フェリーで渡る。船賃は一六〇〇ウォン。甲板から客室に昇る。二〇畳敷きほどのがらんとした部屋だが、壁には、ある、ある、スパイ申告を勧めるポスターが。冷戦時代には韓国のどこにでも貼られていたが、いまは都会ではほとんど見かけなくなった。

縦横約四〇センチの紙の上部に大きな目玉が描かれ、その中に怪しい男のシルエット。「あなたの目の前に……」とある。そして右側に大きく「あなたの申告精神が大切なものを守ります」。国家機務司令部の呼びかけで、URLと窓口の携帯電話番号が明記されているところだけが以前と違う。申告してホンモノだったら、褒賞金は「スパイ船　最高一億五〇〇〇万ウォン、スパイ最高一億ウォン、左翼事犯　最高三〇〇〇万ウォン」。

南北分断ラインは目と鼻の先の距離。しかし、時代は変わった。緊張を感じさせるものはこのポスターぐらい。ただし、「写真撮影禁止」の表示はやはり緊張を誘う。

フェリーはわずか五分ほどで舞衣島に着いた。あっけない「船旅」だが、それほど陸地から近い距離に悲劇の島があったのだ。

桟橋から島に入ると、循環ミニバスが待っていた。マウル（村）バスと呼ぶ、地域の貴重な足だ。客は潮に焼けたアジュマ（おばさん）一人だけ。

「寒い今ごろ、何しにシルミドに行くのか」と聞く。

「夏場に振られて、三度目の正直さ」と答えたが、三度目の正直の意味が分からないのか、けげんな表情だ。が、実尾島の入り口に着いてバスを降りる時、アジュマはにっこりと笑顔で送ってくれた。

停留所の前にゲートがあり、守衛所に若い男が一人。一帯は「自然発生遊園地」とされ、廃棄物処理手数料名目で二〇〇〇ウォンを払って海辺に向かう。みごとな黒松の防風林を抜けて白砂の浜辺に出ると、目の前が実尾島だ。「ついに来たぞ」。深呼吸して、島を眺める。面積は〇・二五平方キロの小さな島だが、静寂に包まれ、黒々とした林を抱く丘陵が不気味さを漂わせている。

潮が引いて露出した幅三メートルほどの平たい黒い岩が約七〇メートルも続き、自然の橋になっている。北風に吹きさらされながら岩を踏みしめる。ついに上陸だ。

しかし、こんもりとした丘陵の手前に白砂の浜辺が広がるだけで、何もない。人もいない、動物もいない。

仮小屋風の漁場管理事務所のラジオが突如、大音声で昼のニュースをがなり始めた。聞くと、「朝鮮人強制連行の真相調査に日本側は誠意がない……」。真冬の分断最前線の島で植民地時代と冷戦の長い歴史を実感する。

と、若い男女三人が丘のほうからやってきた。観光を終えたらしく、道を教えてくれる。一〇〇メートルほど行くと写真付き案内板が立ち、「撮影地へ行く道」と矢印がある。

冬枯れの林の山道をたどる。残雪があり、革靴では滑りそうだ。道に沿って一本のロープが伸びている。その命綱につかまる。空腹を感じるが、何もない。と、観光を終えて戻ってきた父子がポテトチップの箱を差し出して「食べなさい」。韓国人の助け合い精神が取材のエネルギーを与えてくれた。感謝！

✣井戸が語る「生の証し」

一〇分ほどで丘の反対側、西側の海岸に出た。海に面して幅、奥行きとも一〇〇メートルほどの白い砂浜が広がる。高さ三～一〇メートルの大岩の群れが丘からせり出す。ここが、部隊施設があり、苛酷な訓練が行われた現場だ。しかし、いまその痕跡はまったくない。

丘に登ってみる。映画撮影の様子を写した縦四〇センチ、横五〇センチほどの写真パネルが残雪のうえにいくつか点在しているだけ。強風のためか、倒れたパネルも少なくない。

かつて、この砂浜から真正面の丘の中腹に教育隊長や基幹要員の兵舎があり、右手に射撃場、左手には遊撃訓練場があった。丘の上には対北浸透訓練用に平壌の地形をかたどった立体模型群もあった。砂浜を見下ろすように吊るされた、本物のドクロをつけた看板には「われらの信条」と太く刻まれていた。「決死の覚悟で勝利する」という意思表明だった。

二時間近くも島中を歩き回ったが、つわものどもの痕跡はどこにもない。

反乱で生き残った訓練兵四人は死刑の間際、韓国の国歌「愛国歌《エグッカ》」をうたい、「大韓民国万歳《テハンミングッマンセー》」を三唱したという。機密保持のため、戸籍も抹消され、親兄弟との連絡も禁じられたまま一生を終えた訓練兵たち。国家への忠誠を捧げた挙句、国家から抹殺された三一人の霊魂は浮かばれるのか。彼らが確かに生き抜いたこの島で、その足跡すら探る手がかりはないのか。

「私有地につき一切の施設は禁止」という立て看板があった。撮影用の部隊施設も、そのため撤去されたのだ。荒涼とした風景のわけが一つ解けた。

それにしても、部隊は命綱の飲み水をどうやって調達したのか――。

満潮になれば、厳寒の無人島から出られなくなる。あきらめて帰ろうと、山道を戻りかけた瞬間、灰色の人工物が目にとまった。近づくと、まぎれもない井戸だった。ここに人間の営みがあっ

特殊部隊隊員たちの唯一の水源だった井戸。かつて兵士たちが存在したことを伝えるのはこの井戸だけ。

たという、唯一の証しだった。

井戸は縦二・五メートル、横二メートルほどで、深さは三メートルくらい。高さ約四〇センチのコンクリート壁が四方を囲む。木製の屋根が落ち、うっすらと雪が積もっている。あとで知った関係者の証言によれば、これはまさしく部隊の飲料水となった貴重な真水なのだ。浜辺へ向かって幅一〇センチほどの細い水路が伸びており、ちょろちょろと水が流れている。

井戸の側壁にコケのような水藻がびっしりと付着し、石の底に沈む落ち葉とともに、いまも「怨念」を伝えているようだ。そう、ここで「国家対人間」の壮絶な葛藤が繰り広げられたのだった。

✣「国家の命令」による「完全抹殺」

再び映画に戻ると——

訓練兵の入隊式。安聖基演じる隊長は「私とお前たちは韓国を守り、祖国統一を果たす同志になる。……目標が達成されれば最高の軍人として認められる」と激励する。猛訓練の日々が過ぎて、いよいよ平壌への出撃命令が出る。出陣式で隊長は「統一された祖国は諸君の勇気と犠牲を永遠に忘れないだろう」と激励し、全員で「祖国統一万歳」と叫ぶ。

だが、その直後に出撃中止命令。本部に乗り込み談判する教育隊長に対して中央情報部（ＫＣＩＡ）の局長は「六八四部隊の完全抹殺」を命じ、「国家の命令だ」と言い放つ。

隊長「中央情報部が国家ですか」

局長「権力者が自らの意志で命令を下す。それが国家命令だ」

国家の前に将兵の意志は無力であることを見せつける、緊迫のヤマ場だ。冷戦時代、韓国で泣く子も黙るといわれたＫＣＩＡの体質を指摘し、精いっぱいの批判を込めたセリフだったろう。

この暗殺部隊には「南北対峙が生む矛盾」が象徴的に内包されていた。

訓練兵の班長（俳優ソル・ギョング）はある日、指導兵から「アカ」呼ばわりされ、取っ組み合いになる。班長の父親が家族を捨てて北に行ったからだ。冷戦下、家族に共産党員がいれば就職もできない「連座制」のため、彼は人生をあきらめて犯罪に走った挙句、特殊部隊にスカウトされたのだった。班長は「偉大な首領（金日成）の首を取ってオヤジに差し出すため、平壌に行くんだ」と、母親や兄弟をどん底に追いやった父親への憎しみをぶちまける。軍事独裁時代に「アカ」と後ろ指を差された男が「アカの首領」を暗殺して人生の「決着」をつけようという、やりきれないジレンマである。

一方、非情の暗殺部隊の中にも「人間の証し」はあった。たとえば、教育隊の金邦一《キムバンイル》小隊長を慕う訓練兵が決起のさい、休暇で不在だった小隊長の迷彩服などを失敬しながらも、「小隊長殿、申し訳ありません。仕方がありませんでした」と書置きを残していた。

ラスト。特殊部隊員たちは包囲する軍警の銃撃で倒れ、バスのなかは血の海。隊員たちはしたたる血で自分たちの名前を窓ガラスなどに書き残す。だが、それも手りゅう弾による自爆で炎にのまれた。

窓外には「南北赤十字第一次本会談開催」の横断幕が見え、情勢変化を告げている。……事件の報告書は決済を受けた後、ロッカーの中に置かれ、封印された。

✣人情の温もり

島にはこの日、ソウルや仁川からの観光客が四組、二〇人近くが訪れた。厳寒期でも熱いシルミド人気を物語っていた。帰りの山道、何本もの樹の枝に「隣人とあいさつを交わそう」と記したシールが貼られていた。温もりを感じた。

再び「橋」を渡って舞衣島に戻ると、漁場管理事務所の窓から二人のアジュマが顔を出した。「オンドルが暖かいから、中に入りなさい」とうれしい招待だが、残念ながら辞退。「以前は浜辺に映画を記念した銘板があったようだが」と聞くと、アジュマは「木で作ったものだから、強風で吹っ飛んじまったよ」。

実尾島ではスズメに似た茶羽根のつがいを見ただけだが、舞衣島には黒と白の燕尾服を着たようなカササギが群れていてホッとする。韓国のカササギは瑞鳥なのだ。

寒さしのぎに酒を求めて飛び込んだ食堂で、北朝鮮と国境を接する中国・丹東出身の女主人に会った。朝鮮族で済州島出身の夫と経営しているという。

オンドルの床に座り、山査子《さんざし》の実から醸造した「山査酒《サンサジュ》」と熱いうどんをすすり、ぽかぽかしてきたところで九七年に丹東から対岸の北朝鮮・新義州に向けてモーターボートをチャーターし、取材を強行した時のことを思い出した。

夏の日、大河・鴨緑江を渡り北朝鮮側に近づいてカメラを向けると、若い警備兵がさっと銃を構えた。あわててUターン、肝を冷やした。

丹東は植民地時代、安東と呼ばれて日本人が多く住んでいた。いまは中国から北朝鮮への物流の基地である。あの時、丹東市内の朝鮮族市場で「北朝鮮の同胞を助けなければ」という同族意識の発露を目の当たりにしたものだ。

食堂のラジオから「政府は北朝鮮核問題を解決するための六者協議の非公式会合を済州島で開くよう提案した」というニュースが流れる。丹東出身のアジュマに触発されて一〇〇年前の朝鮮半島・旧満州と日本のかかわりを考えていたら、こんどは「統一朝鮮」へつながるニュースだ。韓国、北朝鮮、中国の岸辺を洗う波を眺めながら、朝鮮半島の未来に思いをめぐらした。

コラム　実尾島《シルミド》事件

一九六八年四月、北朝鮮の金日成首相（当時）を襲撃・暗殺するための特殊部隊が創設され、仁川《インチョン》沖約一六キロにある実尾島に秘密訓練場が置かれた。正式の部隊名は韓国空軍二三二五戦隊（情報部隊本部）二〇九派遣隊、内部では「六八四特攻隊」といわれた。部隊の作戦決定権、予算の執行権限は韓国中央情報部（ＫＣＩＡ）が持ち、空軍は訓練と管理だけを行った。教育隊長は大尉とされ、その下に指導兵（「基幹兵」といわれた）が配置され、三一人の訓練兵に猛訓練を実施した。「オソリ（穴熊）作戦」と名づけられた。

この特殊部隊ができた契機は同年一月の北朝鮮武装ゲリラによる青瓦台襲撃事件だった（第Ⅰ章「鉄柵ツアー」参照）。朴正熙大統領は激怒し、中央情報部に命じて特殊部隊をつくらせた。

「シルミド部隊」は六九年一〇月上旬にいったん侵攻命令を受ける。作戦は韓国領の北端である黄海（西海）上の白翎島《ペンニョンド》から敵のレーダーに写らない水素気球に乗って平壌の「主席宮」近くに降下し、金日成首相を暗殺する計画だった。

だが、ベトナム戦争が和平へと動き、米国のアジア政策も転換。緊張緩和が始まり、朴大統領は七〇年八月一五日の光復節《クァンボクチョル》（日本の植民地支配からの解放記念日）で「平和統一宣言」を発表し、北朝鮮との「善意の競争」を呼びかけた。南北和解ムードのなかで対北侵攻作戦は中止された。

翌七一年八月には離散家族捜しのための南北赤十字対話が急展開。南北接近の状況下、存在意義を失った部隊の待遇は悪化し、不満を募らせた隊員たちは同二三日、反乱を起こした。指導兵たちを殺して島を脱出、仁川近郊で乗合バスを乗っ取り、青瓦台をめざすが、ソウル市永登浦《ヨンドゥンポ》区大方洞《テエバンドン》で軍警に阻止され、交戦の末に手投げ弾などで自爆した。

事件は当初、秘密保持のため「北朝鮮武装ゲリラが侵入」と発表された。国会の与野党合同調査団も現地調査をしたが、調査報告書は秘密文書扱いとされ、現在も非公開。部隊三一人のうち、訓練中の事故などで七人が死亡。さらに反乱の際に実尾島で一人が死亡。二三人がソウルに侵入するが、軍警との銃撃戦で二人が死亡、一六人が自爆。四人が生き残ったが軍事法廷で死刑になったとされる。だが、決起後にソウルへ向かわなかった訓練兵が一人いて、バスジャックしたのは二二人だったとの指摘もある。いまも全体の真相解明には至っていない。

映画「シルミド」は白東虎《ペクトンホ》原作の同名の小説を原作に二〇〇三年、康佑錫《カンウソク》監督で製作、公開された。爆発的ヒットで「シルミドを知らなければスパイ」ともいわれるほど、南北融和時代の社会現象ともなった。

Ⅶ

海の対峙最前線

白《ペン》翎《ニョン》島《ド》

立ち入り禁止の鉄条網を越えて記念撮影する観光客

✣開放された「対決の島」

白翎島は黄海（西海）に浮かぶ韓国北端の島。休戦ラインが東海岸から曲線を描いて西海岸に出て、さらに大きく北方にうねる先端に、飛び地のように存在している。北緯三七度五二分。約八キロ沖は在韓国連軍が北朝鮮との海上境界線として設定した北方限界線（ＮＬＬ）だ。

この海域は冷戦時代、南北対峙の最前線として数多く発生した軍事トラブルの現場だった。南北間の雪どけが進んだあとも、九九年六月にはＮＬＬ南側の韓国側「緩衝海域」に北朝鮮軍の魚雷艇や警備艇が侵入し、韓国軍高速艇と銃撃戦。北朝鮮の魚雷艇一隻が沈没、数十人が死亡した。南北首脳会談後の二〇〇二年六月にも白翎島の西方にある大延坪島《デヨンピョンド》付近で南北の警備艇が「海戦」を繰り広げて韓国側二三人、北朝鮮側は約二〇人の死傷者が出た。

この一帯はワタリガニの宝庫で、毎年六月の最盛期には北朝鮮の漁船や警備艇などがＮＬＬから南下するため、南北間で摩擦が起きやすい。

冷戦期から目が離せない島だが、ソウルから約二五〇キロとあって、特派員当時はおいそれと取材に出かけるわけにはいかず、最前線の厳しさを想像するほかなかった。

ところが、冷戦後の九三年からこの「対決の島」も観光客に開放され、二〇〇〇年の南北首脳会談後は本格的な観光客誘致が始まった。果たせなかった夢を手に入れるような、わくわくした気分を抑えかねて白翎島に向かった。

二〇〇四年八月、仁川の沿岸埠頭から高速船「マンダリン号」に乗り込んだ。出航は朝八時半。定員五九〇人の船内はすでに夏休みの家族連れや団体客で満員状態だ。グリーン席も含めて男より女が断然多く、二対八ぐらい。主流をなす中年のアジュモニ（おばさん）たちは早速、おしゃべりに興じ、一方、アジョシ（おじさん）たちの何組かは車座になって花札を始める。これに金持ちらしい中年女性も加わってかしましい限りだ。いかにも韓国らしい光景だ。

前日、ソウルから仁川に来る途中、富平《プピョン》駅を通過した。ここには植民地時代に日本陸軍の兵器工場がつくられた。数年前、かつてこの工場の高官秘書として働いた日本人の老女に「謝罪の旅」案内を頼まれて訪れたことがあった。やっと捜し当てた工場跡は韓国軍の前線部隊の駐屯地になっていた。若い司令が事情を聞いて見学を許してくれた。彼女は「昔は申し訳ないことをしました」と頭を下げた。司令は柔らかな笑みを浮かべたが、言葉はなかった。彼女は、この工場で朝鮮人軍属が日本人将校に殴られる姿を目撃したという。

あの日、突然やってきた日本人を招き入れてくれた若い司令や、「将来、日本で勉強したい」と話した兵士らの未来に向けたさわやかな顔を思い出していた。

✣朝鮮戦争に参加した日本人

仁川港を出た船は月尾島《ウォルミド》の沖合を一路、北へ。この島は朝鮮戦争の開戦から約八〇日後の一九五〇年九月一五日、国連軍司令官マッカーサー元帥が指揮する米軍が上陸作戦を成功させ、一気に劣勢をはね返したことで世界に名をとどろかせた。その直前まで、北朝鮮軍の猛攻で米韓両軍は釜山《プサン》近くまで追い詰められ、あと一歩で海に蹴落とされかねない状況だったからだ。未明、七万人の米軍兵士が参加した上陸作戦は、「釜山に赤旗」がひるがえり、次いで「日本赤化」へと至る危機を救ったといわれた。北朝鮮軍の補給路は腰折れのように切断され、米軍は首都ソウルに進撃、奪回した。

この作戦に実は日本が大きくかかわっていた。

作戦の主力となった米軍兵士は横浜、神戸、佐世保から出航した。とくに米海兵隊を運んだLST（揚陸艦）四七隻のうち、日本で動員された三七隻に日本人船員が乗り込んでいた。植民地支配時代の経験で遠浅の海岸を知っていた日本人が操船術を発揮したのだ。これは「日本人の朝鮮戦争参加の最大事例である」と和田春樹さんは指摘している（『朝鮮戦争全史』岩波書店）。

仁川に次いで実施された元山《ウォンサン》上陸作戦の後も、北朝鮮が敷設した機雷の掃海作業が不可欠だった。これにはなんと日本の海上保安庁掃海隊が秘密裏に動員されていた。

米軍は艦艇三隻を触雷で失って日本政府に指令を出し、吉田首相の命令で海上保安庁に特別掃海隊が編成され、一〇月中旬から約二カ月間、朝鮮海域の機雷除去に従事した。この掃海作業中に元山沖で一隻が触雷して沈没、司厨員の中谷坂太郎さん（当時二五歳）が死亡、一八人が負傷した。死者を出したことは、掃海作業の事実とともに隠された。中谷さんの海上保安庁葬もひそかに行われた。

兄の中谷藤市さん（大阪市在住）は「手記」にこう記している——戦後、日本掃海艇を朝鮮戦争に参加させた事が公になった場合、国際問題ともなりかねない。国内的にも「憲法、第九条戦争放棄」との問題も生じてくる。それだけに当時、事故の真相は秘密裏に処理され、当時の隊員関係者、特に遺族に対しては米軍から「緘口令」が敷かれ、口外しないように厳命されていた。

中谷さんの葬儀で「殉職」と述べた大久保武雄海上保安庁長官は、のち七八年に自著でこの作戦を初めて明らかにした。中谷さんは七九年に戦没者叙勲を受けた。

朝鮮戦争での海上保安庁の特別掃海には延べ五四隻、一二〇〇人もが参加した。旧日本海軍士官五〇人が中心的な役割を果たした。

中谷さんの犠牲の翌年、やはり掃海に動員された信太《しだ》正道さん（逗子市在住）は「触雷の恐怖感ですごした二カ月間、米軍はわれわれの活動を遠くから監視していた。私たちは米軍の『露払い』だった」と回想している（『最後の特攻隊員・二度目の「遺書」』高文研）。

実は朝鮮戦争では中谷さんのほかにも日本人の死者が出ていた。五一年九月六日、ＬＳＴ乗組員の「ナカハラ・カクイチ」さんが事故で死亡し、遺体は釜山の国連軍墓地に安置されている、とGHQ（連合国最高司令官総司令部）から日本政府に通報があったのだ。この新事実は占領史研究家の笹本征男さんが七六年に公開された占領期の外務省記録から明らかにした（大沼久夫編『朝鮮戦争と日本』新幹社）。

大沼久夫さんは「当時の新聞報道から、在日米国占領軍の韓国への移動、出撃に同行した日本人（占領軍雇用）や国連軍雇用の日本人が韓国内の基地で働き、なかには戦闘に参加、巻き込まれて死亡し、または北朝鮮軍の捕虜になった人が少なくとも数名いたことは明らかであった」と記す（同）。

また、在日韓国学徒義勇軍が組織され、韓国政府と日本政府の緊密な協力のなかで米占領軍の指導の下で仁川上陸作戦などに派遣された。義勇軍の総数は六四四人で、このうち五九人が戦死、行方不明九七人で、帰国者は二六六人。二二二人が帰還しなかった（同）。

仁川上陸作戦の激しい砲撃で地形が変わったという月尾島にはいま、「刺身センター」の食堂が軒をつらね、遊園地もある観光地だ。仁川沖の永宗島は埋め立てられてハブ国際空港に生まれ変わった。ふうわりと着陸する旅客機が船から遠望される。海水浴で賑わう島が点在し、家族連れの歓声が耳元に届くようだ。戦争の血なまぐさい記憶は「豊かさ」というベールに包まれ、薄れていくのだろうか。

✣不発機雷で事故いまも

一二時四五分、ついに白翎島に到着。太極旗（国旗）がずらりと約四〇本も岸壁沿いのポールに掲げられ、海風にひるがえるさまは普通の漁港とは違う壮観だ。目と鼻の先の北朝鮮に向けて、せいいっぱい「ここは大韓民国だ」と強調しているのだろう。

桟橋を降りると、正面に「歓迎　護国の聖地・白翎島訪問」の看板。いよいよ最前線の島に来たという実感がわく。

ガイドを頼んだ旅行社の四輪駆動車で予約したモーテルへ向かい、同じツアーの韓国人観光客一〇人ほどと合流。午後二時前からバスで島めぐりに出発した。

まずは養殖場。ちょうど引き潮で広大な浅瀬がつづく。潮溜りに稚魚が泳ぎ、砂浜には昆布が漂着している。水をすくうと、もう冷たい。やはり北の海だ。

日韓とも数少なくなった塩田、朝鮮人参の畑。バスは目玉スポットのひとつ、「玉石海岸」に着く。

ここの入り口はなんとゲリラ侵入防止の鉄条網のすき間だった。もっとも、この島では海岸線の三分の二に鉄条網が張りめぐらされているから、これも仕方がない。わきにものものしい警告看板が立つ。「軍事作戦地域につき日没後は出入り禁止」とある。もっと怖い浮遊機雷警戒の看板

北朝鮮に最も近い韓国北端の島に立つ統一祈願碑

もある。海兵隊第一五九二部隊名で「不審な爆発物（円筒　プラスチック　木箱）を発見したときは触らないで申告してください」。実際、朝鮮戦争のときの不発機雷が時々、漂着する。一年前にも島の住民が機雷に触って足首が吹き飛ぶ事故があったという。

玉石の浜辺——何百万いや何千万個だろうか、赤褐色や白、青灰色の丸っこい玉石をぶちまけたような浜辺は圧巻だ。砂風呂のように穴を掘って「玉のふとん」よろしく寝そべる観光客もいる。

港から遊覧船に乗り「西海の海金剛」めぐり。たしかに本場の北朝鮮・海金剛と似た奇岩の数々が海に突き出てパノラマのようだ。象岩、将軍岩……。岩の上で日向ぼっこの天然記念物、アザラシの集団に遭遇。こんなに間近で見るのは初めてだ。

港を見下ろす高台に、北の対岸を背にして高さ約二メートルの「統一祈願碑」が立つ。「同胞の願いと海兵隊の魂を込めて　海兵隊黒竜部隊将兵一同」とある。建立された九二年五月はすでに韓ソ国交は成り、韓中国交樹立を三カ月後に控えて東アジアの緊張緩和が加速した時期だ。

この島から中国・山東半島へは約二〇〇キロ。仁川への距離とそんなに変わらない。韓国と中国の政治関係がこの島の空気を支配する、そんな位置である。

港に刺身店がある。満員盛況に誘われて腰を下ろす。とれたてのウニ二つを目の前で割ってくれる。それにナマコ三つを注文し、コチュジャン（唐辛子味噌）で。ビール一本と合わせて計一万ウォン（約一〇〇〇円）とはめちゃ安い。

そのあとバスは「白浜海水浴場」へ。世界でここところナポリだけという、粒が細かく硬いご自慢の白砂がつづく。バスの車輪もまったく沈まない。朝鮮戦争では「天然飛行場」とされ、国連軍の作戦前哨基地になったというのもうなずける。

✣東北アジア漂着物共同体

翌朝、八時半スタート。奇岩の入江、「灯台海岸」へ。途中、海兵隊宿舎を通り過ぎると、「いま『状況』が起きたら、緊急対応できるか」と二四時間警戒を呼びかける看板があった。

海岸の鼻先に韓国軍の艦艇が一隻。中国漁船の侵犯を警戒しているという。ツアーグループの

漂着するゴミも国際的だ。日本、中国、韓国、北朝鮮の飲料水のボトルなど。

韓国人は「二、三年前に来たときは沖合で数千隻の中国漁船が操業していた」。その後、韓中漁業摩擦の防止へ、両国とも動いたそうだ。

岩陰に漂着したゴミを見て、やはり東北アジアの中心、黄海上の島だなと感じる。日本の「ライフガード　チェリオ　千代田区（株）チェリオジャパン」、韓国「カルシウム含有　健康ドリンク」、中国「超級福満多　排骨煮込み鶏（天津）」「始宝（深?）」、北朝鮮か中国の黒いペットボトルの空瓶——いずれも飲料水やレトルト食品だ。各国沿岸への漂着物体の処理は東北アジアで深刻な問題になりつつあるが、この現実を見て、多国間の環境共同体づくりを考えざるをえなかった。

最後に国民的親孝行物語「沈清伝《シムチョンジョン》」の舞台、印塘水《インダンス》を見下ろす公園へ。

要塞のようにトーチカ状の石壁をめぐらした公

園に立つと、一〇キロ余り先に屏風のような断崖が見える。北朝鮮黄海南道《ファンヘナムド》だ。一番近いのは北朝鮮の海軍基地がある月乃島《ウォルネド》で約九キロ。手が届く距離とはこのことだろう。シルミド特殊部隊が金日成を暗殺するため、この島から平壌に水素気球でひそかに飛ぶ計画を立て、基地をつくって出撃命令を待ったという（第Ⅵ章コラム参照）。ここに来てみて、本気の作戦だったなと納得しつつ背筋が寒くなった。

朝鮮戦争で一時、米軍が月乃島を占領して北朝鮮兵の捕虜を収容していたが、北朝鮮軍が捕虜奪回の奇襲をかけ、米軍兵士約四〇〇人が死んだ。このため、米軍は白翎島まで後退したという。「海の白兵戦」ともいうべき緊迫した局面が目に浮かぶようだ。

公園の一角は軍部隊で、北に筒先を向けた火砲がある。これが観光用にわざわざ説明板をつけて展示されている。「M59一五五ミリ平射砲、一九五三年に米国から導入」とあり、敵要塞爆破用で最大射距離は二三・五キロとあるから、北の対岸にらくらく届く。北朝鮮側でも同じようにこちらに砲を向けているかと思うと、体がこわばる。

しかし脱冷戦時代、兵器はついに観光資源となった。輸出用のミサイルも核兵器も国家規模の銭稼ぎ、財テク資源といえるが、そんな人殺し資源よりも観光用武器のほうがずっとましだと思う。

韓国伝統の瓦屋根が優美な「沈清閣《シムチョンガク》」。

キナ臭さとは対照的で、ほっとさせられる。盲目の父親の目が見えるように印塘水に身を投じた沈清が生き返った場面など、この物語を主題とするパンソリや映像が展示されている。前庭には沈清の銅像。女性たちが「われこそは孝行娘」という顔で記念撮影に興じている。

勤務中の若い兵士に「最近は緊張がゆるんでいますか」と声をかけると、「やられたらやり返すだけです」と威勢のいい答えが返ってきた。しかし、中年のガイドによると、「このごろはなまっている。彼らは兵隊でもないよ」と時代の変化を嘆いた。

港へ帰る近道を探して偶然、山かげで目撃した「捜索部隊」のロープを張った渡河想定訓練には息をのんだ。「捜索部隊とは、つまり対北侵入部隊ですよ」と、ガイドはいう。

ソウル五輪のときにチャーターした取材車の運転手君が海兵隊経験者で「ウェットスーツを着けて北朝鮮領に長時間、侵入する海上訓練がきつかった」といっていたが、こういう部隊だったのだろう。そして当然、北からも兵士が浸透したのだろう。互いに「やり返す」精神はもう願い下げにしたい。

✣平壌へ向かった基督教布教の進入路

白翎島の知られざる顔は、キリスト新教の「韓国初上陸の地」である。外国人伝道の一番乗りは英国海軍のマックスウェル大佐の一行。一八一六年、中国に赴任する英国大使を乗せて渤海湾を経由し、付近の島嶼調査をしつつ福音を伝えたという記録がある。一八三二年にはドイツ生まれの宣教師カルル・F・グツラフが白翎島に上陸し島民に漢文の聖書を配ったという。韓国で公式のプロテスタント布教史は一八八四年に始まるとされるが、それよりも半世紀早い（キム・ジヒョン『選ばれた島　白翎島』）。一八九八年に島で最初に建てられた「中和洞《チュンファドン》教会」に歴史記念館が付設されている。

平壌は早くからキリスト教が盛んで「東洋のエルサレム」と呼ばれたが、それは布教の大きな流れが白翎島を経由して大同江をさかのぼり、平壌へ宣教師たちが入ったからだとわかった。

朝鮮戦争で平壌から多くのクリスチャンが南へ逃げた。私がソウルの延世大学で韓国語を学んだ恩師の金銀淑《キムウンスク》先生も平壌出身で、その義兄が韓国民主化運動の指導者だった張俊河《チャンジュナ》先生。軍事独裁に抵抗する市民の声を伝えつづけた『韓国からの通信』（岩波書店）の筆者「TK生」の池明《チミョン》観《グァン》先生しかり、である。

白翎島には日本人の足跡も濃い。聞いた話を記すと――植民地期、灯台海岸の入江は日本軍人たちの絶好の避難場所だった。また、日本軍についてきた日本人が食糧不足を補うためか、禁止された大根栽培を始め、いまも島では大根が自生している。かと思えば朝鮮戦争当時、韓国海軍の軍人が玉石海岸の玉石を日本に輸出した。滑石を砕くのに使われ、日本女性の肌をすべすべにする化粧品の原料になったともいわれる。

そういえば、「マンダリン号」のトイレに「使用後はボタンを押してください」と日本語の表示があった。二〇〇四年七月から白翎島航路に就航するまでは釜山―対馬航路で活躍した船だった。白翎島では持参したラジオで北朝鮮の平壌放送がよく聞こえた。革命歌、首領を称える歌、軽音楽団の人気曲「フィッパラム（口笛）」などなど。船が仁川に入港するまで電波は届いていた。

＊

〇八年三月五日、白翎島東側の海域で北朝鮮が軍事訓練を始めたとお昼のＫＢＳテレビ・ワールドニュースが報じた。直後に、ソウル訪問中の在日の友人から電話が入った。「グァングァンとすごい砲撃の音が聞こえるが、戦争が始まったのか」。

北朝鮮軍の訓練は、同月三日から始まった米韓合同軍事演習に対抗するものだったようだ。米軍約二万七〇〇〇人と韓国軍六八万人によるこの演習には米原子力空母「ニミッツ」も参加。米軍のうち一万五〇〇〇人は米本土から合流した（ＡＦＰ）。ＫＢＳは、北朝鮮が「四月に予定される韓国新大統領の訪米、韓米首脳会談をにらんで圧力をかけるねらい」と解説していた。

私は白翎島で会った兵士たちの顔と、彼らが即応態勢に走る姿を想像し、そこが海の最前線であることを再確認した。

コラム　白翎島《ペンニョンド》

韓国で八番目に大きい島で面積は四六・三五平方キロ。トキが白い翼を広げて飛ぶ姿に似ていることが名前の由来。対岸の北朝鮮黄海南道まで直線で一〇数キロ。軍事作戦の要衝だが、島内は天然記念物の博物館さながら。一種の秘境である。

白浜海水浴場（天然記念物第三九一号）は白砂が幅二〇〇メートル、二キロにわたって広がり、圧巻。石英質の極めて硬い砂なので島内から桟橋へ往来する自動車道になっており、飛行機の滑走路としても活用される。玉石海岸（同三九二号）は石英質の珪岩《けいがん》が波に浸食されて丸くなった色とりどりの「玉石のじゅうたん」が一キロもつづく。

トゥムジンは奇岩群が海上に突き出て「西海の海金剛」とも呼ばれる。韓国の天然記念物アザラシの群棲地でもある。

ジンチョルリの貝塚からは新石器時代の遺物が豊富に出土する。西海一の「黄金の漁場」とされ、スズキなどの高級魚やワタリガニが水揚げされる。

この島は韓国の孝行娘説話として国民に親しまれる「沈清伝」の舞台とされ、儒教の「孝」思想をはぐくむための展示館「沈清閣」がある。

島民の八割がキリスト教信者。日曜日は休む店が多いという。

Ⅷ

南北協力の試金石
開《ケ》城《ソン》

ソウルの北に位置する開城は寒い。巨大な氷柱となった朝鮮三大滝の一つ、朴淵瀑布の前で記念撮影する韓国人観光客たち。

✣「休戦ライン」を越えて

二〇〇八年二月二五日、韓国の李明博《イミョンバク》新大統領が就任した。ソウルの国会議事堂前広場で行われた就任式を取材したが、李大統領は寒風ものものかは熱のこもった演説で、これまで民主化を進めてきた金大中《キムデジュン》、盧武鉉《ノムヒョン》両大統領による「理念の時代」を超えて「実用の時代」に転換すると強調した。金剛山開発の扉を開いた韓国現代《ヒョンデ》グループの総帥・鄭周永氏に重用された実業家らしい進路表明だ。

その現代グループが工業団地を造成中の開城《ケソン》への観光が、〇七年一二月から始まった。韓国側から非武装地帯を越える「北朝鮮観光」は金剛山観光に次ぐ第二弾。休戦ラインからわずか一〇キロ先の新スポットである。

李大統領の就任式の翌日、早朝五時四〇分、私は朝鮮王朝の離宮・昌徳宮に隣接する現代グループ本部前で開城観光専用バスに駆け込んだ。夜明け前の首都は前夜から降り続く春の雪で白砂糖をまぶしたようだ。ラジオの天気予報がソウルの予想積雪量は五センチと告げる。さらに二カ所で客が乗り込み、車は漢江沿いの自由路を北上。七時近くにようやく空が白み始め、対岸の北朝鮮が視野に入ってきた。開城南郊の開豊郡だ。

開城は一九五三年七月一〇日、朝鮮戦争の休戦会談がスタートを切った場所だ。その後に会談場となった板門店とは異なり、開城は朝鮮の歴史と伝統文化の宝庫だ。さらにいえば、地政学がもたらす民族史の挫折と矛盾が凝縮する舞台でもある。高麗王朝時代にはモンゴルの侵攻による江華島遷都。現代では人為的な休戦ラインによって都市全体が南から北に編入された結果、住民に多くの離散家族が生まれた悲劇はなお生々しい。

バスは板門店への玄関でもある統一大橋を渡り、都羅山《トラサン》の韓国側出入事務所に到着。査証台で旅券に「大韓民国入管、出国」「都羅山→開城」とスタンプを押される。それを預けるのと引き換えに、金剛山観光と同じ様式の顔写真を貼ったＩＤカードを受け取る（九一ページ参照）。さあ、いよいよ休戦ラインだ。

ここからは移動中の車中からの撮影は禁止といわれる。バスは非武装地帯の南方限界線を越えた。途中、盧武鉉前大統領が〇七年一〇月の南北首脳会談で平壌を訪問した時、韓国大統領として初めて徒歩で休戦ラインを渡った記念の石碑が立っていた。「平和を固める道。繁栄へ進む道」と刻まれている。

道中、短いトンネルのような構造物の傍らに「生態移動通路」の標識が見える。南北を結ぶ道路で動物などの生息地間の移動を妨げないよう、トンネルの上が移動ルートになっているのだ。

午前八時すぎ、休戦ラインを越えた。間もなく「開城市」の標識を通過。開城はさすがに南のソウルよりやや雪が深い。北朝鮮の軍用ジープが先導してバスは北朝鮮側出入事務所へ向かう。

非武装地帯北側の鉄条網のゲートを通過。北朝鮮の青年兵士たちが寒気に耐えながら、赤いりんごの頬っぺたで警備に立っている。

右手に北へ伸びる単線の線路が見える。二〇〇〇年の南北首脳会談を契機に連結され、〇七年末からは貨物列車が走り出した京義線だ。箒を持って除雪する保線作業員が二人。その懸命な様子から、北朝鮮がこの鉄路を非常に重視していることが確認できる。

一〇分ほどで北側の出入事務所に。同胞や兄弟を歓迎する「パンガプスムニダ（お会いできてうれしいです）」の歌が流れる。この歌は九九年の平壌、その後の金剛山取材で繰り返し聞き、歌詞もおぼえた。一気に北朝鮮らしい雰囲気に放り込まれる。

北朝鮮側の入国審査は、エックス線検査による持ち物チェックに重点を置いている。金剛山観光と同様、倍率一〇倍以上の双眼鏡や望遠鏡、一六〇ミリ以上の望遠レンズや携帯電話などは持ち込み禁止だ。新聞や雑誌などを含めて「観光目的以外の物品」がご法度なのは、メディアなどの「南風」が体制に風穴をあけることを警戒するからだ。

しかし、韓国側のガイドがいうように、開城の北朝鮮側審査は金剛山のそれよりは若干柔軟性があるようだ。工業団地に韓国企業が進出して、南北の人間の接触が進んでいるためだろう。まるごと軍事地帯の金剛山との違いを実感する。

出入事務所の出口から開城市域の背後につらなる山並みを望む。板門店の哨所から遠くに見える丘陵と同じはずなのに、陽光を受けた雪化粧の稜線は別世界のようで息を呑む。

❖「昔から商業都市」を強調

八時四〇分、バス一三台をつらねて開城観光に出発。私は希望して第一号車の最前列に座った。このバスは全羅南道・光州の高校教師の団体専用車だった。

北朝鮮「名勝地開発指導部」の「案内人」だという二人が自己紹介のあと、私と通路をはさんだ右側最前列に座る。金剛山では「案内員」だったが、開城のほうはやや人間味がある。説明役のカンさんは四〇代前半。部課長という上司は五〇代半ばのようで、観光客の人数をチェックして本部に無線連絡している。

カンさんは、後部座席に座る現代峨山の現地ガイドを「同僚」だと紹介した。南北の担当者の融和ぶりを示している。

バスは開城工業団地のなかを進む。

カンさんは、高麗王朝の王都だった開城は、朝鮮王朝になってソウルに首都が移ったあとも商業都市として栄えたのだと語調を強めた。たしかに、このあと高麗博物館で見た「高麗の対外貿易」展示では、当時の中国・宋、日本、契丹（のちの遼）、女真（中国東北部）、大食国（アラビア）などとの貿易ルートが世界地図に記され、開城が一大交易都市だったことがわかる。日本には金銀細工、高麗人参、陶磁器、毛皮など高価な品を輸出し、竹製品、水銀、ミカン、硫黄、真珠、海産物を輸入していた。宋に対しては武器類や紙なども輸出し、書籍の輸出入もあった——という説明だ。開城商人は近代的な複式簿記に似た開城簿記を考案するなど優れた商才を発揮したという。

どん底経済の北朝鮮としては、韓国企業の力で開城を産業都市として再生させる目論見だが、その際に「商都」開城の歴史を誇示することでプライドを保っているようにみえる。

〇七年一〇月、工業団地の第一期造成工事の完工式を行った「出会いの橋」が見えた。緑色の太い数本のパイプが地球のようなオブジェを支える様は、国際的な経済都市復活への決意を示しているようだ。

✣市民たちの表情に明るさ

軍人が約二〇〇メートルおきに立って警戒するなか、バスは開城市内に入っていく。出勤時間だけに雪道を職場に急ぐ勤労者の姿が目立つ。服装は男女ともきちんと防寒コートを着ており、見た目には韓国、日本とさほど変わらない。路上でソリ遊びする幼児らも。

カンさんは右手に走る京義線を指差して「今年の北京五輪では南北共同応援団を乗せた列車がここから平壌、新義州を通って北京まで行きます」と力を込めた。

善竹橋付近で見た北朝鮮の市民たち。乗用車や自転車も見える（手前は韓国人観光客）。

開城市内は九年ぶりだが、意外なのは自転車がふえたことだ。しかもライトのついていない中国製は二割ほどで、前輪部分にちゃんとライトのあるものが多数派だ。日本から輸入した中古車にしては、車体は新しい。不思議に思い、カンさんに聞くと、「三年前、平壌に自転車工場ができました」という。国産自転車なのだ。

水害復旧に住民総動員の状態だった九九年と違って、市民たちの表情は明るくなり、何よりも落ち着いているようだ。その大きな理由は、やはり工業団地の進出にあるようだ。工業団地で雇用が急増し、そこで働く勤労者の所得がふえた結果、市の経済全体が回り始めたということだろう。当たり前の理屈だが、いまだに計画経済に執着する北朝鮮では、これはきわめて恵まれた特別な区域なのだ。

〇七年七月、東アジア最大級の鉄鉱山といわれる北朝鮮・茂山《ムサン》鉱山を国境の豆満江をはさんで中国側から見たが、そこも中国企業が長期契約で鉄鉱石を採掘して買い取っていた。そのおかげで、一〇年前は「死の町」だったのが活気のある産業の町に変身して、生活騒音もにぎやかに伝わってきた。北朝鮮では外部資本の導入で数カ所、地域的なスポット経済が上向いているのも事実だ。

様変わりした開城の目抜き通りだが、「米帝（アメリカ帝国主義）を打倒しよう！」という看板は相変わらずだ。金正日総書記は〇四年五月の第二次日朝首脳会談で、小泉首相に「（ブッシュ米大統領と）のどがかれるまで歌いたい」と米朝協議実現への熱い思いを打ち明けた。対米国交樹立が国家再生のカギと思い定めてのことだ。

その後実現した米朝協議、また核問題の六者協議で、北朝鮮は核放棄を先延ばししながら、「テロ支援国家」リストからの削除を要求するなど、米国との関係正常化と支援獲得のために秘策をこらしている最中だ。スローガンと現実の落差に苦笑する。

✣南北共通「故郷の春」歌う

カンさんが、「朝が早かったので、みなさん眠いようですから」と歌をうたい始めた。まず、北朝鮮で流行っているのだろう、「心情に残るひと」。「人生には出会いと別れがある。別れても心に残るひと。ああ、そんな人が私には大切だ」というのが大体の歌詞だ。これには政治的な意味があるのだろうか。ただ、北朝鮮の流行歌のメロディーは案外、心の琴線に触れるものが多く、大ヒットした「口笛」などは韓国でも結構歌われた。

二曲目は「故郷の春」。「私が暮らしたふるさとは花咲く山里　桃の花や杏の花、ヒメツツジ……あそこで遊んだころが懐かしい」。韓国でもだれもが知っている童謡で、日本なら「春の小川」。南北共通の素朴な歌を案内人が北朝鮮なまりで、しかし心を込めて歌う。私も大好きな歌だから低く唱和した。だが、教師たちは数人が声を合わせただけ。金剛山観光と同じく、北朝鮮側を刺激する言動は慎むようにあらかじめ注意されているので、歌の誘いに戸惑ったのかもしれない。

カンさんの歌はサービス精神からだろうが、彼自身も観光案内しながらのカラオケが好きになり、楽しんでいるようでもある。

「平壌まで一八二キロ」の道路標識がある。時速八〇キロで車を走らせればわずか二時間余りの距離だ。平壌でテレビカメラに脅えた少年に会った八五年、金日成の足跡を追った九九年、二回とも、高速道路とは名ばかり、舗装の痛んだ道路の凹凸で猛スピードの車が跳ね上がり、天井に頭をぶつけないよう首をすくめながらの日帰り強行軍だった。

バスは起伏のある雪の山道に入る。ガードレールはなく、高さ五〇センチほどの石柱が約一メートル間隔で並ぶだけだ。除雪されているが、スリップが怖い。

一〇時ちょっと前、市街地から約二五キロ北の朴淵瀑布《パグヨンポッポ》（滝）に着いた。駐車場に大きな案内図があり、金日成と金正日がここを「現地指導」したときの路程が記されている。

　少し登ると、巨大な氷柱が目に飛び込んだ。朝鮮三大滝の一つといわれる高さ三七メートルの瀑布が凍結し、翡翠色の氷柱に変身したのだ（この章とびら写真）。自然が生んだ傑作に感嘆するのみ。姑母《コモ》（おば）潭と名づけられた直径四〇メートルの滝壷も、滝の上の朴淵池も完全に凍りついている。滝の前に小さな売店が二軒あった。人参茶とコーヒーが一ドル。おこしのような菓子が三ドル。松の実二〇〇グラム、クルミ三〇〇グラム、小粒の干し柿が二〇個はいった袋が各五ドルだ。熱い人参茶でほっと息をつく。

　金剛山と同様、ここでもドルしか通用しない。実は現代峨山の担当者から「一〇〇ドル紙幣はくずさないと使えません」といわれたのだが、両替の暇がなかった。北朝鮮の女性販売員に「お釣りはありませんか」と聞くと、「ちょっと待って」。この際だから、おみやげに松の実二袋、クルミと干し柿を一袋ずつ買う。韓国人の客が次々と買い物して、やがてドルのおつりができた。

　この一帯は周囲約一〇キロの大興《テフン》山城にかこまれた渓谷だ。

　滝から約一五分、参道を登ると、観音寺《クァヌムサ》だ。途中、高さ三メートル、幅七メートルほどの二つの大きな岩にそれぞれ「金日成同志万歳！」、「朝鮮労働党万歳！」と赤い文字が刻まれているのを見た。金日成が訪れた記念に刻んだのだろう。金剛山と同じ自然破壊がここにもある。

　観音寺は高麗時代初期の九七〇年に建立され、朝鮮王朝の一六四六年に修復された。規模は大きくないが、李朝建築技術の代表作といわれる。大雄殿《テウンジョン》（本堂）で僧服の上に赤い防寒マントをまとった住職が説明役を務めていた。北朝鮮で統一推進団体とされる朝鮮仏教徒連盟のメンバーで、一〇年以上前からここを守り住む。剃髪はしていない。「妻帯しています」と、カンさんが教えてくれた。

本堂前に七重の石塔、奥の石窟には天然の大理石を彫った高さ一・二メートル、乳白色の観世音菩薩が鎮座していた。ここも滝から約一・五キロの石敷きの参道はきれいに除雪されていた。北朝鮮の作業員たちが総出で早朝から箒を持って掃き清めたと案内人から聞いた。

✣「食は開城にあり」

市内に下りて行くと、統一路のロータリーに南大門《ナムデムン》がどっかと座っている。高麗時代末期から朝鮮王朝初期にかけて（一三九一—九三年）、開城の内城を築いたときに建立された。城門はもともと七つあったのが、いまはここだけ残っている。

南大門といえば、ソウルの南大門が〇八年旧正月明けの二月一〇日夜、放火で焼失したばかり。韓国の国民はだれもが華麗で威厳ある建築様式の国宝第一号を失った悲しみにくれた。開城の南大門は、実は一三九八年建立のソウル・南大門より数年先輩にあたるだけに、車窓越しに見る楼門はひときわ頼もしく感じられた。

楼門には演福寺鐘《ヨンボクサジョン》という高さ三メートル、口径一・九メートルの大鐘がある。一三四六年の鋳造で、一五六三年に同寺が焼けたあと、ここに移された。日本が植民地支配へ圧力を増す一九〇〇年代初めまで打ち鳴らされ、開城市民に時を告げていたという。

高麗時代の面影をたっぷり残す「民俗旅館」が早春の小川のほとりに立ち並ぶ。平屋建てで計五〇棟もあり、そのなかの「民俗食堂」で昼食だ。

ぴかぴか光る真鍮の食器一〇鉢に色とりどり、チム（肉の蒸し物）やジョン（お焼き風）、どんぐりのムッ（寒天状）、ほうれん草、ぜんまい、もやしのナムルなどとキムチ。それにご飯とスープがついている。宮廷料理風で、朝鮮料理ご自慢の「薬食同源」メニューだ。なかなかうまい。デザートの薬菓《ヤックァ》（甘い揚げ菓子）まで食べると、旅の疲れが少しはとれた気がした。

韓国では「食は全州《チョンジュ》にあり」という。穀倉地帯で両班《ヤンバン》たちがすぐれた料理法を伝えた全羅道がグルメの中心地だった。それが北では「食は開城にあり」という、と在日の友人に教えられたのは帰国後だ。高麗王朝の首都だったゆえか、なるほどと思う。

この観光客用昼食代は二〇ドル。開城工業団地の北朝鮮勤労者がもらう月給（名目）のおよそ三分の一だ。九〇年代半ばから、北朝鮮住民が飢餓状況に追い込まれたことを考えると、複雑な気持ちになる。

しかし、開城といえば朝鮮人参。人参とくれば参鶏湯《サムゲタン》だ。内臓を除いた地鶏に高麗人参を詰めて薬草と一緒に煮込んだこの名物料理に本場でいつか、チャレンジしたいものだ。

お腹の欲求が満たされたあとは頭の体操だ。高麗時代末期に創建された儒学の教育機関「崧陽《スンヤン》書院《ソウォン》」へ。

途中、開城百貨店前を通過。三階建ての屋上に「抗日の女性英雄金正淑に従い学ぼう！」と記した看板が立つ。彼女は金日成の最初の妻で金正日の実母。抗日闘争でも果敢に戦ったといわれる。しかしいま、百貨店はひっそりとして存在感は薄い。

崧陽《スンヤン》書院《ソウォン》は高麗末期に「東方朱子学の祖」といわれた著名な儒学者で政治家だった鄭夢周《チョンモンジュ》の邸宅跡。鄭夢周は明との関係修復で功績を上げ、倭寇の取り締まりを求めて日本に来たこともある。往時、開城の両班《ヤンバン》たちが大儒学者の供養と子息の教育のために建て、一五七三年に修復されたのがいまの建物だ。

北朝鮮の若い女性案内人がハンドマイクを持って説明を始めると、韓国の男性客数人から「わあ、きれいだ」と声が上がる。彼女が思わず相好を崩すと、観光客の輪から和やかな笑いがどっと広がった。普段着の人間同士の交流がはじけたようだった。

書院の外、電柱に異様な小屋のようなものが張り付いている。中に変圧器らしいものが見え、それが電線につながっている。ミニ変電所というべきか。北朝鮮のエネルギー不足は送電設備や電線の老朽化による電力のロスが大きく、韓国が電力支援を表明しているが、これを見て実情の

開城随一の史跡、善竹橋を見学する韓国人観光客たちに、北朝鮮の女性ガイドがマイクを使って説明する（写真中央）。

一端がわかった。

帰国後、開城出身で八〇代後半の在日実業家に聞いたところ、この装置は「植民地時代に設置されたものだ」といい、北朝鮮では解放後も「使える施設は壊さずに活用してきた」と話す。戦後六〇余年の断絶を超えて、眼前に現れた植民地期の遺物。北朝鮮のインフラの立ち遅れに日本は無関係だといい切れるだろうか。

鄭夢周は、朝鮮王朝の開祖となる李成桂《イソンゲエ》から政権奪取の企てに誘われたが、同調しなかったため、李成桂の配下に斬殺された。その現場が開城の史跡のなかで最も有名な善竹橋《ソンジュッキョ》だ。朝鮮半島で現存する古い石橋の一つだ。

さすが開城第一の名勝の案内人はベテランの女性だ。一二一六年にかけられた長さ六・六七メートル、幅二・五四メートルの堂々たる石橋の上にはいまも朱色の血のようなものが長さ四〇センチほどにわたってこびりついている。一三九二年四月、鄭夢周が流した血の痕だ――との説明だ。

はて――六〇〇年以上も前の血が風雪にさらされて消えないものか、だれしも疑問を抱くだろう。昭和初期にここを訪れた旧京城帝国大学予科の近藤時司教授は、血痕は「花崗岩の肌に血汐のような斑紋があるのに付会《ふかい》した〔こじつけた〕話」と記している（『史話伝説 朝鮮名勝紀行』博文館）。私自身、八五年に初めてここを見学したとき、石橋は黒ずみ、「血痕」はうっすらとしていたように思う。いま石橋は磨かれて白っぽくなり、その分だけ「血の色」が濃くなったような。ここは観光資源と受け止めた上で、鄭夢周の怨念の深さを思いやるべきなのか。

それにしても、眼前の善竹橋で起きた惨劇は当時、中国と日本に圧迫された高麗の激動の政治を物語ってあまりある。

✣核論議もかたくな

コースの最後は高麗博物館《パンムルグァン》。道路沿いの小学校前を通るとき、バスの教師たちが手を振ると、学童たちがこたえてくれる。開城観光が始まって二カ月余りだが、子供らは観光バスにすっかり慣れた感じだ。

高麗博物館は、往時の最高学府だった高麗成均館《ソンギュングァン》の広大な敷地と建物を活用した歴史展示館。

約千点の遺物から高麗時代の政治、経済、文化の発展ぶりがわかる。屋外には国宝の七重の石塔などが並び圧巻だ。

ただ、ここの国宝の鉄仏もそうだが、鄭夢周の忠誠を称える「表忠碑《ピョチュンビ》」なども観光客が抱きついたりして、保存よりサービスが優先されている感がある。文化財保護の観点から今後が気がかりだ。

博物館の奥に成均館の新しいコンクリート校舎が建設中だ。その壁に大きなスローガン幕が下がる。「首領様決死擁護精神」「銃爆弾精神」など、北朝鮮がこの間、金日成・金正日体制の護持へ国民の奮起を呼びかけてきた標語だ。クレーンも動員する現代的な建物にはまったく似合わない。目抜き通りの開城文化会館の屋上にも「偉大な将軍様の先軍思想を輝かしく実現しよう」と記した大看板があった。

こうした光景は、北朝鮮の現在の政治と経済の表裏を物語っている。金正日が二〇〇二年七月、経済管理改善措置を発表したとき、西側では改革の兆しへの期待が高まった。しかし、それは食糧難や物不足から乱れた経済の現実にあわせた面が強かった。その後の北朝鮮は期待された市場経済の追求でなく、再び計画経済の方向に揺り戻しが起きている。結局、経済再生のための試行錯誤で一時的な変化を示しながら、理念と体制は固守するというのが現在の北朝鮮式政治ということになる。

成均館の建築現場は、外見は新しいが、中身は旧態依然という北朝鮮のいまを教えてくれる。

博物館の売店では高麗青磁や人参などの漢方薬、酒類と種類も品数も豊富だ。二〇〇〇年発行の南北首脳会談で金大中大統領と金正日総書記が平壌の空港で握手する場面の記念切手の値段が一ドル。しかし額面は二ウォン（実際のレートは〇二年七月から一ドル＝一五〇ウォン）だから観光値段かと思ったが、そうか、発行当時のレート（一ドル＝二ウォン）のままで売っているのだ。これが北朝鮮式ビジネス？　どちらにしてもドル拝金主義の弊害でなければよいが。

カンさんは大学卒で、小学生の娘がいる。「わが国では教育費も医療費もいらないから」と教科書的な答えをしたが、暮らしには満足している表情だ。これも開城ならではだろう。

政治問答は無理かなと思いながら、核問題で聞いてみた。「東アジアでは、核はたとえ持っていても使えない兵器だ。放棄したほうが北朝鮮の利益になる」と水を向けると、カンさんは少し興奮した様子で反論した。

「アメリカはわが国に（朝鮮戦争以後）五〇年以上も制裁を加えている。国力が弱いと、他の国にやられることは一九世紀末からの歴史で証明されています。平和の時代だからといって、われわれが核を捨てたら、必ずまたやられる。だから捨てられない」と強く言い切った。

この発言は北朝鮮の公式の立場どおりだが、それを北朝鮮のインテリ層からナマの声で聞いたこと、とくに米国に対する不信感が非常に根強いことがわかったのは収穫だった。

✣離散家族の悲嘆いつ晴れる

この日、在日韓国人二五人と日本人観光客が乗ったバスでは現代峨山の職員が日本語でガイドしてくれた。このバスには開城出身の老夫婦も乗っていて、感慨深く生まれ故郷を見て回った。開城市民の七割は離散家族ともいわれる。

韓国メディアによると、開城観光初日の〇七年一二月五日、朝鮮戦争で南に避難したまま五七年ぶりに開城を訪れたユン・ヒョジュンさん（六八歳）は「通学途中に友達と善竹橋で遊んだことをよく憶えている」と語った。また解放後、結婚のためソウルに行き、六〇年ぶりに「里帰り」した八一歳の女性は「朴淵瀑布は昔と同じだが、人間だけはこんなに老いたよ」と嘆いたという。カンさんも「離散家族の人は、戦争と分断の話に触れると、涙を流し、私も胸が詰まります」といったきり沈黙した。

開城は限定的に開放された特区であり、観光客と一般の北朝鮮住民との間には見えざる厚い壁がある。しかし、工業団地での南北経済協力で北朝鮮側の利益が増し、また名所観光の継続で南北の住民が互いに顔を見る機会がふえることで、その壁は徐々に低くなっていく可能性がある。離散家族の苦痛もそれによって和らぐことを祈りたい。

その意味でも、開城の工業団地開発と観光が軌道に乗り、拡大されるかどうかは、南北協力と和解の試金石といえる。

✣引き揚げ日本人の「希望の地」

開城は一九四五年八月の日本敗戦後、中国東北部（旧満州）と北部朝鮮から引き揚げるおびただしい数の日本人にとって希望の地であったことは、ほとんど忘れられている。

戦前、旧満州には約一六〇万人、朝鮮半島には七〇数万人の日本人がいた。八月九日にソ連軍が日ソ中立条約を破って満州に侵攻すると、軍人の家族らが真っ先に列車で逃げ出した。残された一般の開拓民たちは略奪や暴行にあい、射殺の恐怖におびえ、飢えと闘いながら悲惨な避難行を余儀なくされた。朝鮮北部の居住者と合わせると、一〇〇万人以上の日本人が祖国をめざして朝鮮半島を南下したものと思われる。

多くの人たちが力尽きて異国の土となったが、米ソ両軍の分割ライン（三八度線）の南にある開城までたどりつけば、生きて祖国へ帰ることができた。敗戦の混乱期、引き揚げ日本人にとって開城は生存への扉であった。

作家、新田次郎の妻で戦後、引き揚げ体験記がベストセラーとなった藤原ていさん（いずれも故人）もその一人だった。幼児三人を抱えて朝鮮人医師に救われたり、物乞いまでしながら這うようにして三八度線にたどりついた。藤原さんは最後の低い山の頂に立ち、眼下の海のような灯火に涙を流しながら、こう叫ぶ。

「開城だあ！　開城だぞう！」（『流れる星は生きている』中公文庫）

このとき、助けてくれた朝鮮兵たちが「しあわせになれよ。もう戦争はしないでおこうね」と米軍の収容所に向かって背中を押してくれたという。（自伝小説『旅路』同前）

三児のうち、次男のお茶の水女子大教授、藤原正彦さんも「全滅と隣り合わせ」だった体験をこう記す。

「……老人や子供、運悪く病気にかかった者が次々に死んでいった。死体は路傍に置き去りにされた。我々は親切な朝鮮人農家の納屋でびしょぬれの衣類を脱ぎ、藁に裸を埋めて一夜を明かすこともあった」（『この国のけじめ』文芸春秋）

六〇余年前、命からがら祖国への生還を果たそうとする日本人と朝鮮人の間に温かい助け合いの気持ちが通っていたことが、こうした証言でわかる。一方、引き揚げの途中で朝鮮人に預けられた「北朝鮮残留孤児」はどうしているのか、忘却されたままである。

開城は、日朝の民草のきずなを考えさせる歴史の踊り場でもある。

＊

午後四時すぎ、北朝鮮側出入事務所に戻る。Ｘ線検査がある。問題はカメラだ。女性係員が撮影したデジカメの一コマ一コマを実際に画面を出してチェックするので、緊張する。幸い、ＯＫ

でほっとする。ソウルに戻って、ある韓国人女性記者から「隠し撮りした夫が罰金五〇ドルを食らった」と聞いて、改めてひやりとした。

午後六時近く、ソウルに帰着。雪どけ道を春風が吹きわたっていた。

コラム　開城《ケソン》観光《クァングァン》

開城は高麗時代（九一八―一三九二年）の王都で、開京、松都とも呼ばれた。高麗は朝鮮史上で初めて朝鮮半島全体を統一した国家で、朝鮮語の「コリョ」は英語のＫＯＲＥＡの語源。モンゴル（元）や契丹（遼）など北方民族からの外圧を受けながらも独立を保ったが、一三世紀には一時期、首都が江華島に避難した（第Ⅴ章「江華島」参照）。豊臣秀吉軍の侵略、また朝鮮戦争でも破壊された。三八度線のやや南に位置する開城市は、四五年の南北分断後は韓国領に属したが、休戦協定による線引きで北朝鮮領になった。

開城地区は休戦ライン以北の旧京畿道にある開城直轄市と開豊、板門などの三郡からなる。韓国でドラマがヒットした開祖・王建《ワンゴン》の王陵や王宮があった満月台《マンウォルデ》、天体観測をした瞻星台《チョムソンデ》など旧蹟が多い。盆地の市街を見下ろす子男山《チャナムサン》（標高一〇四メートル）には金日成の銅像が立ち、板門店からも遠望されるといわれる。

開城観光は現代峨山《ヒョンデアサン》が運営し、一日約三〇〇人受け入れている。〇七年一二月から〇八年二月までに二万二四七二人が訪問した。料金は一八万ウォン（二〇〇ドル）で、これには北朝鮮側への入国ビザ手数料（五〇ドル）と昼食代金、旅行保険料、観光施設や道路の維持費などが含まれる。別にソウルからの往復バス代として五〇〇〇ウォンが必要だ。開城工業団地への観光も計画されている。

開城工業団地は二〇〇〇年南北首脳会談後の同八月、現代グループの現代峨山が北朝鮮側と開発に合意し、韓国土地公社と共同で事業を進めた。韓国側から北朝鮮に対する初の本格的な直接投資で、〇三年六月に着工式を行った。開城市の東部から南部にかけての鳳東一帯に総面積二九七〇万平方メートルの工業地区や居住地区をつくり、衣類、自動車部品、情報通信機器など二〇〇〇社を誘致する計画。事業費は八三億ドル。第一段階は三三〇万平方メートルを造成し、土地分譲は完了。第二段階の八二五万平方メートルは〇八年に着工の予定だ。三段階目は二〇一二年に完成する計画で、最終的な年間総生産額は二〇〇億ドルを見込んでいる。

現在、同工団では繊維や縫製、時計部品製造など約六〇社が操業中で、約一万九〇〇〇人の北朝鮮勤労者が働いている。月給は五七・五ドル（八六二五ウォン）の低賃金でコスト競争力は大きい。

北朝鮮当局はこのうちコメ配給料などの名目で差し引いたあと、ウォン換算した約四五〇〇ウォンを支給しており、これは北朝鮮の一般労働者の平均賃金三〇〇〇ウォンよりよい。平均労働時間は週五七・三時間と長い（朝鮮日報）。

北朝鮮は〇八年三月末、「北韓（北朝鮮）の核問題が妥結しない限り、開城工団の拡大は難しい」とした金夏中・韓国統一相の発言に反発し、同工団からの韓国政府職員の引き揚げを要求。同職員一一人が撤収した。

韓国政府によれば、北朝鮮は同工団事業で一カ月当たり約三〇〇万ドルの収入がある（朝日新聞三月二八日付朝刊）。北朝鮮にとってドル箱だけに、事業の継続に大きな支障は生じないだろう。

旅の終わりに
――「戦争紀念館《チョンジェンキニョムグァン》」にて

休戦ラインに沿っての旅の終着駅にはソウルの「戦争紀念館」がふさわしい。民族が経てきた戦争の教訓から愛国心をつちかう「生きた教育の場」として、また豊臣秀吉の侵略軍を破った李舜臣《イスンシン》をはじめ「護国の英雄」に対する鎮魂の聖域とされる。

ソウル市竜山区の広大な在韓米軍基地の隣、国防省と向き合う石造りの堂々たる殿堂だ。オープンした九四年は東西冷戦終結後、韓国人がようやく朝鮮戦争の傷跡を冷静に見つめることができるようになった時期だ。

一階の吹き抜けスペースに豊臣軍を撃退した亀甲船《コブクソン》のレプリカ（二・五分の一縮尺）がどーんと存在感を示している。展示室には李舜臣将軍の水軍が豊臣軍に大勝した閑山島《ハンサンド》の戦闘パノラマ。砲火や音声もまじえ臨場感を演出している。記念撮影する家族連れ。大刀を腰に南の方角＝日本をにらむ銅像が韓国全土の各地に立つ李舜臣は、この国の英雄ナンバーワンであることを実感する。

近代化移行期の朝鮮を侵食しようとした英、仏、米国など外国軍の兵力の変遷も展示。ガラス張りのなかの「大日本帝国海軍旗」が際立つ。戦争とは国家覇権の争奪戦であることを帝国主義列強時代の軍服と兵器の数々が物語っている。

日本による侵略に抵抗した、もう一人の英雄・安重根《アンジュングン》。展示の前で、若い夫婦が息子に「安重根先生は、伊藤博文をハルビン駅で撃って……」と抗日義兵闘争を教えている。が、子供はさっさと次の展示に移る。親の心、子知らずか。

「6・25(朝鮮戦争)室」。北朝鮮における金日成の台頭や開戦までの経緯、激しい戦闘記録がこれでもかと展開される。数年前には、激戦の映像実録が大音量で繰り返されていたが、いまはボリュームが低くなったようだ。南北融和ムードのなか、展示にも政治が反映されているのだろう。

だが、米軍機B29の五〇〇ポンド爆弾の模型は戦争の恐怖を示して余りある。私にとっては青森県下の疎開先で防空壕にもぐりこんだ一九四五年の夏の記憶がよみがえり、それがいま中東やアフガニスタンなどで空爆におびえ、倒れる子供や市民たちの姿に重なる。

米軍の仁川上陸と反撃、国連軍の三八度線突破。見学路に白く太い「38度線」が引かれ、それをまたいで順路を進む。ローラーを引いたような爆撃で「廃墟と化した都市」のパノラマ。小学生の男の子が母親に「廃墟ってなに?」と問いかけたが、じっと見つめて「また戦争が起きたらどうする?」」。真剣な顔に変わった。

北朝鮮軍に追われた末、釜山で避難生活をする人たちの等身大パノラマ模型。バラックの市場で配給に並ぶ列、板張りの共同便所。しかし懐メロも流れて、なにか明るい。復興を果たし経済成長を遂げた「民族の底力」を見せつけるように感じた。

✣ベトナム派兵で反省

その流れを実感させるのが、次の「海外派兵室」だ。各国・地域に派兵された韓国兵士の数が世界地図の上に示される。ベトナムが最多で「四万七八七二人」。ＰＫＯ(国連平和維持軍)活動の意義も説明されている。

だが、一九六五年~七三年のベトナム派兵の規模は延べ約三二万人に達したとされる。二つの数字の圧倒的な差は何なのか。館側に問うと、展示の人数は韓国部隊の「常駐兵力」で、兵士の交替による最終的な派遣人員数の合計が延べ人数だということだった。疑問は解けたが、医療施設への将兵派遣(六四年)も含めれば一〇年間にもおよんだ派兵の規模としては延べ人員の数を挙げるのが妥当ではないのか。なぜ一〇分の一なのか。

考えられるのは、韓国は「有史以来、他国を侵略したことがない平和愛好国家」と自慢してきただけに、戦争加担を「矮小化」したい心理が働いたのだろうか。また、韓国人兵士によるベトナム住民への虐殺事件が明るみになり、国内の市民団体からも批判が起きたことも影響しているのではないか。九九年にこの問題を追及する韓国ＮＧＯを取材したとき、女性活動家が「ベトナムには韓国人に対する『憎悪の碑』がある」と話したことを思い出す。

九八年にベトナムを訪問した金大中大統領（当時）は、この問題でベトナム政府に謝罪した。海外派兵の展示には、そうした政府レベルの目配りがあるのかも、と思う。

一方で、この参戦による韓国人の死者は約四四〇〇人と決して少なくない。彼らの犠牲こそは矮小化されてはならない。

韓国政府の対応を押さえた上で、しかし翻って、日本の政治はどうか。アジア侵略によるおびただしい被害に目を閉じて、「太平洋戦争はアジア解放戦争だった」といいくるめ、Ａ級戦犯を合祀する靖国神社参拝をつづける保守政治家たち。これは歴史健忘症を通り越して、歴史抹殺ではないのか。

ただ、海外派兵展示室にはこんな説明もあることに注目した。

「他国の援助だけを受けてきた過去のわが国が、いまや主要目標の問題に対して一端の責任を負える位置で自由友邦の十字軍として堂々と出征し、国家的な無限の誇りとやりがいをもつようになる契機となった。国力伸長がわれらの世代に達成された事実は近代史の大きな部分として記録される」

戦争紀念館横の水路に展示されていた北朝鮮の“半潜水艇”

「国際紛争」に応分の貢献をする国家方針は、イラク戦争からこの方、軍事志向を強める日本の軌道と重なってみえる。韓国の場合、弱小国呼ばわりされてきた積年の恨みを国力向上で晴らすぞ、という主張には韓国社会の心理も反映されているだろう。だが、「自由友邦の十字軍」とやらには「ブッシュ流に賛成」の危うさを感じる。

そういう見方は間違っていないと思わせるのは、次の「国軍発展室」だ。ここは朝鮮戦争で投入された装備のオンパレード。「防産（防衛産業）」すなわち軍需産業各社の航空機、戦車などの兵器が多数陳列されている。いずれも旧式だから特段の脅威は感じないが、子供たちはどう受け止めるのか。親子連れが無邪気に記念撮影する姿が気になった。

紀念館横の水路には北朝鮮の〝半潜水艇〟が展示されていた。八三年に釜山沖に浸透して韓国軍に捕獲されたもので全長九メートル弱。ブリキのオモチャのようにも見えるが、実戦になれば血が流れる兵器なのだ。

「メモリアルホール」。左右の壁面に描かれた雄大な水墨画に息をのむ。右に月井里駅、「鉄馬は走りたい」。おお、ツルが舞う。金剛山から東海へ。左はあの激戦地・白馬高地から水清く鳥渡る臨津江、やがて黄海（西海）へ。左右それぞれ五三メートル、合わせて一〇〇メートル余り、高さ一メートルもの大作である。

題して「断腸の山河」。分断の悲哀に涙し、統一と恒久平和を願う朴正圭《パクジョンギュ》さんが七〇歳近い老躯を駆って一年がかりで現地踏査し、九六年までに渾身の作品を完成させたあと亡くなったという。朝鮮民族をさして「白衣民族」という言葉があるが、清冽そのもの、雪のように真っ白い画布上の三八度線に沿って悶え、踊る墨の痕。平和を願うということは、こんなにも純粋で、しかも激しい行為なのだ！

最後は「護国追慕室」。ドーム中央の天井から明かりが注ぎ、生命の希望と民族団結をうたうオブジェがすがすがしい。床にひっそりと置かれた犠牲者たちへの花束に鎮魂の誠を見た。

しかし――北朝鮮の核問題が日本と韓国はもちろんのこと、東アジア、いや世界の安全保障の脅威となっているいま、戦争の犠牲になった人々の「鎮魂」は可能なのか。朝鮮半島で人類史上三番目の核爆弾使用の懸念が残るとしたら、魂がしずまることはないだろう。

果てしない戦争の恐怖を断ち切るには、理想を忘れずにまず現実可能な道を探っていくしかない。

✣非武装地帯を世界遺産に

たとえば非武装地帯の未来像に思いを巡らす。

韓国では野生の宝庫である非武装地帯をユネスコの世界自然遺産に登録しようという動きが目立つ。板門店周辺地域を抱える京畿道《キョンギド》知事らは〇四年、「DMZ宣言」を発表。「非武装地帯を世界遺産に」と意気込む。

日韓文化交流会議の韓国側座長、金容雲《キムヨンウン》漢陽大学名誉教授は〇六年九月に日本記者クラブで講演し、こんな夢を語った。

「非武装地帯を世界自然遺産に登録し、広島の平和記念資料館やソウル郊外の独立紀念館、南京虐殺記念館の資料などを展示して、人間の愚行がいかに世界に不幸をもたらしたかを知らせよう」。

この計画の背景には飛びっきりの話がある。同会議日本側座長の平山郁夫画伯が平壌の高句麗壁画古墳の世界遺産登録を推進した際、金正日総書記に「世界遺産のため一帯の軍事施設を撤去する」ことを確認したというのだ。文化が平和を生むということのすばらしい例証ではないか。

そんな夢は、実は徐々に実現しつつある。それを非武装地帯に近い韓国京畿道坡州《パジュ》市にできた

ヘイリ村に展示されていた野外彫刻「イラクに向け発射された米国ミサイル」

文化芸術村「ヘイリ」で実感した。

ここでは約五〇万平方メートルの広大な原野を切り開いた所に、コンクリートと木を組み合わせた建築が点在し、心地よい空間を醸し出している。中国の著名な彫刻家による、イラクに打ち込まれた米国のミサイルを模した反戦モニュメント。檻に閉じ込められたゴジラ、プラスチック篭を積み上げて環境問題を訴える「ピサの斜塔」……。自己主張する彫刻が楽しい。「武器ではなく文化・芸術の力で平和と統一に寄与しよう」と訴えるこの村は、休戦ラインからわずか二キロ余りだ。

他方、非武装地帯付近の南北に計二〇〇万個以上も埋まっている地雷は、世界遺産登録を妨げる深刻な問題だ。南北鉄道、道路の連結のため、分断後初めて非武装地帯の地雷除去が始まった。地雷は京義線の三一キロ区間だけでトラック一五台分も除去した。大は対戦車用から小は足をちぎる目的のものまで約五〇種類もある。

ＮＧＯ（非政府組織）「韓国対人地雷対策会議」は日本のＮＧＯと連携して、米軍基地周辺も含めた地雷廃絶を訴える。今後は日本の地雷除去技術を、「地雷密度世界一」という朝鮮半島の地雷廃絶に生かす努力も求められる。

非武装地帯付近に南北交易・物流基地を建設する構想も、戦場を「平和の市場」に替えるねらいである。開城工業団地はその一歩といえる。〇七年南北首脳会談では、この工業団地の拡大や黄海に面した南浦に造船団地をつくるなど多くの協力事業が合意された。その実現には高いハードルがあるが、南北協力への大規模な青写真が示されたことは意義深い。

李明博《イミョンバク》新大統領も就任演説で「北朝鮮が核を放棄して開放の道を選べば、南北協力に新たな地平が開かれる。国際社会と協力して一〇年以内に北韓（北朝鮮）住民の所得が三〇〇〇ドルに達するように支援する」として、「それがまさに同族のための道であり、統一を早める道だと考える」と強調した。「非核・開放・三〇〇〇」と名づけられた新政権の政策は、対北朝鮮支援をインセンティブとして使い、韓国が核問題解決のイニシアチブを取ろうとするものである。新政権はこれまでの南北協力が一定の成果をあげたことを評価し、中長期的には南北が平和と和解に向かうことを確認している点に注目したい。

戦争防止への地雷除去、戦場跡の文化創造、軍需から民需への転換が「平和の連環」をつくり始めた。とくに韓国の太陽政策で始まった民間レベルの「南北分かち合い」運動は相互信頼に基づく共存関係を築く大きな水脈となりつつある。韓国からの北朝鮮訪問者が二〇〇六年に一〇万人を突破した（金剛山観光を除く）ことが、そうした変化を如実に示している。

＊

私の「非戦への旅」は〇一年、日本のツル越冬地、鹿児島県出水《いずみ》に始まり、非武装地帯を走破して白翎島《ペンニョンド》にいたるまで計三〇〇〇キロを超えた。鉄原では「渡り鳥の村――平和の地で生命の声を聞いてごらん」と呼びかける標語に目を引かれた。「平和の使者」たちの声は、彼らの日本から朝鮮半島へのはるかな飛翔を知れば、いっそう切実な訴えに聞こえる。

冷戦時代から朝鮮半島をウォッチしてきた私には、非武装地帯の旅を通じて見た状況変化は驚くばかりだ。非武装地帯の新しい現実が示すのは、民草こそが「平和の源泉」だという平凡な真理である。核開発と経済再生の二兎を追う北朝鮮の生き残りへのカギを握るのも「民草の意思」にほかならない。

国家関係がどうであれ、民衆の日常に根を下ろす隣人同士のきずなは決して崩れ去ることはない。私たちも文化交流のソフトパワーと、暮らし向上へ有無相通じ合う民草連帯の翼に乗って、日本から一衣帯水の朝鮮半島へと「平和の素」を運べるのではないか。それはやがてアジアに「共生の果実」を結び、新たな未来を開くことだろう。そう信じて旅を締めくくりたい。

参考文献・資料（＊印は韓国語）

全般

『岩波小辞典　現代韓国・朝鮮』岩波書店、２００２年
『新訂増補　朝鮮を知る事典』平凡社、２０００年
『近代日本総合年表　第四版』岩波書店、２００１年
歴史学研究会編『机上版　世界史年表』同、１９９５年
市川正明編『朝鮮半島近現代史年表・主要文書』原書房、１９９６年
環太平洋問題研究所編『韓国・北朝鮮総覧１９８４』１９８３年
同『――１９８７』１９８６年、同『――１９９３』１９９３年、
同『――２００２』２００２年、以上原書房
朝日新聞社調査研究室『朝鮮半島・平和の構図』３分冊　朝日新聞社、１９８５年
朝鮮史研究会編『朝鮮の歴史　新版』三省堂、１９９５年
許光一編『朝鮮・韓国行政区域地名便覧』黒龍江朝鮮民族出版社、１９９８年（朝鮮・中国・英文対照）
ラヂオプレス『北朝鮮政策動向』該当各号

はじめに

朴秀馥・郭貴勲・辛泳洙編著『被爆韓国人』朝日新聞社、１９７５年
梅田正己『「北朝鮮の脅威」と集団的自衛権』高文研、２００７年

▨「南北分断」と「朝鮮戦争」

和田春樹『朝鮮戦争全史』岩波書店、2002年

スゥン スン ジョウ『朝鮮分断の責任』成甲書房、1984年

ブルース・カミングス、鄭敬謨・林哲共訳『朝鮮戦争の起源』第1巻、シアレヒム社、1989年

同、鄭敬謨・加地永都子共訳『朝鮮戦争の起源』第2巻、同、1991年

金学俊、鎌田光登訳『朝鮮戦争　痛恨の民族衝突』サイマル出版会　1991年

朱栄福『朝鮮人民軍の南侵と敗退―元人民軍工兵将校の手記』コリア評論社、1979年

丁一権『原爆か　休戦か』日本工業新聞社、1989年

＊崔秉寛『悔恨と緊張そして希望　休戦ライン155マイル写真集』韓国陸軍本部、1998年

塚本勝一『北朝鮮・軍と政治』原書房、2000年

武貞秀士『防衛庁教官の北朝鮮深層分析』KKベストセラーズ、1998年

▨板門店・臨津江

W・A・カークブライド『板門店　韓国民族分断の現場』第4版、ソウル・翰林出版社、2007年

菊池正人『板門店』中公新書、1987年

朴商延、金重明訳『JSA　共同警備区域』文春文庫、2001年

大江健三郎『核の大火と「人間」の声』岩波書店、1982年

小牟田哲彦『鉄馬は走りたい』草思社、2004年

石丸次郎『北朝鮮難民』講談社現代新書、2002年

▨金剛山

＊韓寛洙『世界の名勝　金剛山（増補版）』図書出版ホヨン、１９９９年
＊李東薫著、李鼎九編『１９４０年　金剛録―復庵先生金剛山遊覧記（改定版）』平民社、１９９９年
近藤時司『史話伝説　朝鮮名勝紀行』博文館、１９２９年
菊池謙譲『金剛山記』鶏鳴社、１９３１年
『金剛山電気鉄道株式会社二十年史』金剛山電気鉄道株式会社、１９３９年

▨鉄原

＊元炳旿『鳥類が棲む世界は美しい』図書出版タウム、２００２年
任正爀編『現代朝鮮の科学者たち』彩流社、１９９７年
遠藤公男『アリランの青い鳥』講談社、１９８４年
遠藤公男『韓国の虎はなぜ消えたか』講談社、１９８６年
樋口広芳編『宇宙からツルを追う―ツルの渡りの衛星追跡』読売新聞社、１９９４年
鄭鐘烈・樋口広芳・朴宇日「朝鮮半島におけるツル類の渡りの経路と重要中継地――人工衛星による追跡調査の結果――」『科学技術時代』別刷
鄭鐘烈「渡り鳥の保護と朝鮮半島の平和地帯化」『月刊朝鮮資料』１９９２年5月号、朝鮮問題研究所
『朝鮮半島の希少鳥類』朝鮮大学校自然博物館、１９８７年
安田朋起「世界の緑（朝鮮半島）　軍事地帯に追いつめられた野生生物」『グリーンパワー』２０００年11月号、財団法人森林文化協会
＊大韓民国国防部『韓国軍隊と環境保全』２０００年
高野伸二『フィールドガイド　日本の野鳥』増補版、日本野鳥の会、１９９５年
＊イ・ウシン、ク・テエフェ、パク・チニョン『野外原色図鑑　韓国の鳥』ＬＧ常緑財団、２０００年

＊聖泉文化財団編、元炳旿ら著『野生の宝庫非武装地帯』玄岩社、1996年
＊韓国山林庁林業研究院『非武装地帯及び隣接地域の山林生態系調査総合報告書　1995―2000』

▨江華島
中塚明『現代日本の歴史認識』高文研、2007年
＊イ・ドンヨン『江華島、未来神話の原型』プルンセサン、2003年
＊金智寧『江華文化遺産』彷彷曲曲、2004年
＊キム・ヨンジュ、ソ・ホオク訳『護国聖地　江華島』ウジン文化社、1999年

▨実尾島
白東虎、鄭銀淑訳『シルミド』幻冬舎、2004年
ファン・サンギュ、蔡七美ら訳『実尾島―生存者キム・バンイル元小隊長の証言―』ソフトバンク・パブリッシング、2004年
イ・スグァン、米津篤八訳『シルミド―裏切りの実尾島』早川書房、2004年
城内康伸『シルミド　「実尾島事件」の真実』宝島社、2004年

▨白翎島
信太正道『最後の特攻隊員・二度目の「遺書」』高文研、1998年
中谷藤市『動乱の満州から帰国　掃海艇と運命を共に』（非売品）平成7（1995）年
大沼久夫編『朝鮮戦争と日本』新幹社、2006年
川村喜一郎『日本人船員が見た朝鮮戦争』朝日コミュニケーションズ、2007年

＊キム・ジヒョン著、パク・ヨンギュ監修『選ばれた島　白翎島』ソウル・デザインユニーク

▒開城
『別冊一億人の昭和史―日本植民地史1　朝鮮』毎日新聞社、1978年
『別冊一億人の昭和史―日本植民地史2　満州』同、1978年
森田芳夫『朝鮮終戦の記録』巖南堂書店、1964年
高崎宗司『植民地朝鮮の日本人』岩波新書、2002年
藤原てい『流れる星は生きている』中公文庫、1976年
同右『旅路』同、1986年
藤原正彦『この国のけじめ』文芸春秋、2006年
野口冨美子『板門店の丘』近代文芸社、1996年
朝鮮新報社出版局編『朝鮮―魅力の旅　朝鮮民主主義人民共和国最新ガイドブック』朝鮮新報社、1996年
朝鮮新報社編『KOREA　朝鮮民主主義人民共和国ハンドブック』在日本朝鮮人総聯合会中央本部、1988年
『朝鮮観光地図帳』朝鮮国際旅行社、1995年

▒旅の終わりに
市川正明『安重根と日韓関係史』原書房、1979年
小田川興「『百年の計』を目指した朝鮮半島政策を」『日朝交渉―課題と展望』岩波書店、2003年
聖学院大学総合研究所　康仁徳、小田川編『北朝鮮問題をどう解くか』聖学院大学出版会、2004年

非武装地帯ツアーガイド (08年5月現在)

電話（T)、fax（F)、<日本からは頭に＋82をつける>
ホームページ（URL)、下線付き機関・会社名は検索ネーム
※とくに但し書きのないものは日本語で検索・通話可能

◆韓国観光公社＝ツアー情報、問合せのみ
URL: http://japanese.visitkorea.or.kr/jpn/index.kto
T 2-729-9497／2-1330(ソウル本社観光案内所)
＊国内――同東京支社
e-mail: tokyo@visitkorea.or.kr
T 03-3597-1717／F 03-3591-4601
◆(株)大韓旅行社＝板門店一帯
URL: http://www.go2korea.co.kr/Default.aspx
T 2-778-0150／F 2-756-8428
◆非武装地帯観光
〔例〕(株) 国際文化サービスクラブ
URL: http://www.dmzguide.com/index.asp
T 2-755-0073／F 2-755-0086
◆京畿道坡州市＝板門店一帯
URL http://jp.paju.go.kr/
◆板門店トラベルセンター
URL http://koreadmztour.com/japanese/main.html
◆江原道鉄原
URL http://tour.cwg.go.kr/japanese/ (鉄原郡HP)
T 33－450－5558 (鉄の三角戦績館) (韓国語)
◆江華郡庁文化観光課＝江華島
URL http://japanese.ganghwa.incheon.kr/ (日本語)
◆現代峨山
■金剛山観光 URL：http://www.mtkumgang.com/jpn/main.jsp
■開城観光 URL：www.ikaesong.com (韓国語)
＊国内申込――モランボンツーリスト www.mrt.co.jp
◆仁川広域市甕津郡文化観光課＝白翎島
URL http://www.ongjin.go.kr/ongjin2005/japanese/

あとがき

「非戦の旅」の発端は、実は冷戦さなかの八〇年代初めに考えた「朝鮮半島縦断ルポ」でした。当時、私は朝日新聞大阪整理部の編集記者で、新聞社の年間企画として提案したのです。「解放後三〇年余り、分断された隣国の南と北の人々の暮らしと祖国統一への思いを描く。それはかつて植民地支配を行い、南北分断に歴史的責任のある日本人の未来と無縁ではない」という趣意書を出しました。「平和と統一のため」だから、誠意を込めて韓国と北朝鮮の政府を説得すれば、休戦ライン越えも決して不可能ではないだろう、と思い込んでのことです。

結果は「没」でした。このときの無念が日曜版「旅する記者」の企画ではじけました。「縦断がダメなら横断でいこう」と。でも、企画に込めたねらいは同じです。戦後の長い間、平和を享受する日本人が忘れかけている「平和の有り難さ」と日本のとるべき針路を教えてくれるのは、いまも対峙状況から抜け出せない朝鮮半島の隣人たちだ——と。

朝鮮戦争の休戦から五五年の節目に生まれた本書の出版にあたっては、たくさんの方々のお世話になりました。

スタートの朝日新聞日曜版の取材で、韓国軍当局にかけあって便宜を計らっていただいた元柄昨博士、私と小林正明カメラマンを乗せて非武装地帯を走破してくれた韓尚勲さんや現地で案内してくれた方たち。非核平和への証言者である韓国原爆被害者協会の郭貴勲さん。在日の辛昌錫さんは元博士と北海道大学同窓のよしみで博士の墓参実現の橋渡しに努めたことから、博士と私の絆を結んでくださいました。また、朝鮮半島の平和と統一問題について、安重根研究の第一人者で韓国出身の青森大学名誉教授、市川正明さんの数々の助言は、私の朝鮮問題に対する羅針盤ともなってきました。

この旅は、南北を問わず、そして在日も含めて多くの「隣人」から受けてきた、こうした温かい助言とまなざしこそが、私の取材のエネルギー源であることを気づかせてくれました。

なお、三七年間勤めた朝日新聞社では、朝鮮との誠実な向き合い方を示してくれた故松下宗之元社長、元論説副主幹・調査研究室長の今津弘さんをはじめ多くの先輩、同僚から教えていただきました。高文研の梅田正己さんやスタッフの方々の変わらぬ支えが何よりの励みとなりました。姫路独協大学の高橋学さんにはツアーガイドづくりを手伝っていただきました。

みなさまに心から感謝申し上げます。カムサハムニダ。

二〇〇八年五月二五日

小田川　興

小田川　興（おだがわ　こう）
1942年、北海道生まれ。朝日新聞ソウル支局長、編集委員を経て現在、早稲田大学・聖学院大学客員教授、姫路獨協大学特別教授。朝鮮半島事情、東アジア平和論。著書『被爆韓国人』（編訳、朝日新聞社）、『朝鮮半島・平和の構図』（朝日新聞調査研究室）『北朝鮮――その実像と軌跡』（高文研）『日朝交渉――課題と展望』（岩波書店、以上共著）。日本記者クラブ会員。

38度線・非武装地帯をあるく

●二〇〇八年　六　月二五日――――第一刷発行

著　者／小田川　興

発行所／株式会社 高文研
東京都千代田区猿楽町二－一－八
三恵ビル（〒一〇一＝〇〇六四）
電話　03＝3295＝3415
振替　00160＝6＝18956
http://www.koubunken.co.jp

組版／株式会社Web D（ウェブ・ディー）

印刷・製本／株式会社シナノ

ISBN978-4-87498-405-5 C0036

〈観光コースでない――〉シリーズ

観光コースでない 沖縄 第四版
新崎盛暉・謝花直美・松元剛他　1,900円
「見てほしい沖縄」「知ってほしい沖縄」の歴史と現在を、第一線の記者と研究者がその"現場"に案内しながら伝える本！

観光コースでない「満州」
小林慶二著／写真・福井理文　1,800円
満州事変の発火点・瀋陽、「満州国」の首都・長春など、日本の中国東北侵略の現場を歩き、克服さるべき歴史を考えたルポ。

観光コースでない 台湾 ●歩いて見る歴史と風土
片倉佳史著　1,800円
台湾に惹かれ、台湾に移り住んだ気鋭のルポライターが、撮り下ろし126点の写真とともに伝える台湾の歴史と文化！

観光コースでない マレーシア・シンガポール
陸　培春著　1,700円
日本軍による数万の「華僑虐殺」や、マレー半島各地の住民虐殺の〈傷跡〉をマレーシア生まれの在日ジャーナリストが案内。

観光コースでない 香港 ●歴史と社会・日本との関係史
津田邦宏著　1,600円
西洋と東洋の同居する混沌の街を歩き、アヘン戦争以後の一五五年にわたる歴史をたどり、中国返還後の今後を考える！

観光コースでない 韓国 新装版
小林慶二著／写真・福井理文　1,500円
有数の韓国通ジャーナリストが、日韓ゆかりの遺跡を歩き、記念館をたずね、百五十点の写真と共に歴史の真実を伝える。

観光コースでない グアム・サイパン
大野　俊著　1,700円
ミクロネシアに魅入られたジャーナリストが、先住民族チャモロの歴史から、戦争の傷跡、米軍基地の現状等を伝える。

観光コースでない ベトナム ●歴史・戦争・民族を知る旅
伊藤千尋著　1,500円
北部の中国国境からメコンデルタまで、遺跡や激戦の跡をたどり、二千年の歴史とベトナム戦争、今日のベトナムを紹介。

観光コースでない 東京 新版
轡田隆史著／写真・福井理文　1,400円
名文家で知られる著者が、今も都心に残る江戸や明治の面影を探し、戦争の神々を訪ね、文化の散歩道を歩く歴史ガイド。

観光コースでない アフリカ大陸西海岸
桃井和馬著　1,800円
気鋭のフォトジャーナリストが、自然破壊、殺戮と人間社会の混乱が凝縮したアフリカを、歴史と文化も交えて案内する。

観光コースでない ウィーン ●美しい都のもう一つの顔
松岡由季著　1,600円
ワルツの都。がそこはヒトラーに熱狂した舞台でもあった。今も残るユダヤ人迫害の跡などを訪ね20世紀の悲劇を考える。

観光コースでない シカゴ・イリノイ
デイ多佳子著　1,700円
アメリカ中西部の中核地帯を、在米22年の著者がくまなく歩き回り、超大国の歴史と現在、明日への光と影を伝える。

◎表示価格は本体価格です（このほかに別途、消費税が加算されます）。